0 1 2 3 4

33. In meiner Familie gibt es Menschen mit unerklärlichen medialen Fähigkeiten.

34. Als Kind lebte ich in einer eigenen Traumwelt und sprach mit anderen Wesen.

35. Ich fühle, wenn Umstände oder Menschen meine Empfindsamkeit behindern.

36. Ich möchte gern weniger wahrnehmen, denn viel zu fühlen ist nicht leicht.

37. Ich suchte in »alten Traditionen« nach Erklärungen für meine intensiven Wahrnehmungen.

38. Ich verschweige gegenüber meinen Nächsten, was ich (über sie) sehe / fühle / höre.

39. Winzigste Details an einem Menschen oder in einer Umgebung lassen mich tiefer »sehen«, »fühlen«, »hören«.

40. Künstliche Nahrungsmittelzusätze oder chemische Substanzen beeinträchtigen meine Wahrnehmung.

41. Wenn ich erlebe, dass jemand leidet, Mensch oder Tier, kann ich das auch seelisch kaum ertragen.

42. Ich kann schlecht lügen oder mich verstellen, mich sozial anpassen.

43. Ich lese zwischen den Zeilen und erspüre den Autor eines Buches oder die Stimmung eines Briefschreibers.

44. Ich nehme wahr, wenn jemand subtil manipulieren will. Ich meide solche Menschen.

Die Auswertung findest du im Buch ab Seite 11.

	0	1	2	3	4
20. Ich neige zu allergischen Reaktionen.					
21. Die Bewegungen und Funktionen meines Körpers nehme ich ständig wahr.					
22. Wenn ein Mensch oder ein Tier leidet, kann ich das körperlich kaum ertragen.					
23. Ich hatte schon öfter Vorahnungen, die sich später bewahrheitet haben.					
24. Ich sah Krankheiten oder Todesfälle mir nahestehender Personen voraus.					
25. Ich träumte schon öfter von Ereignissen, die später so eintrafen.					
26. Ich sehe (höre, fühle), wenn Umgebungseinflüsse für andere hinderlich sind.					
27. Wenn mir ein Mensch begegnet, fühle ich eine Art »Abbildung« von ihm in mir.					
28. Ich kommuniziere gern mit Tieren oder Pflanzen.					
29. Ich bin in meinen (Tag-)Träumen mit einer »wissenden« Instanz verbunden.					
30. Manchmal nehme ich etwas wahr, was eigentlich nicht erklärlich ist.					
31. Ich habe öfter Angst- oder Schamgefühle, weil ich unerklärliche Dinge wahrnehme.					
32. Ich kenne die Angst, verrückt zu sein, schizophren oder anders psychopathisch.					

ANNE HEINTZE

ICH SPÜRE WAS, WAS DU NICHT SPÜRST

INHALT

ANNE HEINTZE

Jahrgang 1960, arbeitet seit 1988 erfolgreich als Therapeutin, Coach und Lebenslehrerin mit Menschen, die ihr Potenzial voller Freude leben und endlich so werden möchten, wie sie gemeint sind. Sie ist Gründerin der HochiX Akademie und begreift Hochsensibilität ebenso wie Hochsensitivität als Ausdrucksformen von Hochbegabung. In ihrer vielfältigen Arbeit mit ihren Klienten und Seminarteilnehmern lehrt sie Lebensfreude und Selbstakzeptanz. Die Autorin lebt und arbeitet in der Nähe von Berlin und auf La Palma.

»Mein besonderer Dank gilt den Menschen, die ich auf dem Entdeckungsweg zu ihren Kraftquellen begleiten durfte.«

EIN WORT ZUVOR

Nutze den tieferen Sinn deiner Gabe!

Es gibt ganz sicher einen Grund dafür, warum manche Menschen mit deutlich feineren Antennen für sich selbst und die Umgebung ausgestattet sind als andere. Ich bin davon überzeugt, dass die besonderen Fähigkeiten Hochsensibler einen Sinn haben. Ganz einfach deshalb, weil diese Menschen sonst anders geworden wären.

Wenn auch du zu den »außergewöhnlich Normalen« gehörst, bist du mit diesem Buch herzlich eingeladen, deine Besonderheiten aus einem neuen Blickwinkel zu betrachten und (endlich) als Gabe und Aufgabe zu begrüßen. Möglicherweise hast du lange unter deiner starken Empfindsamkeit gelitten, hast mit dir gehadert, weil du irgendwie anders warst und dich oft fremd unter den Menschen gefühlt hast. Doch nun darfst du wissen, dass du zu denjenigen gehörst, die der Welt etwas ganz Wesentliches zu geben haben, was andernfalls fehlen würde: leise Töne und sanfte Schwingungen, feine Beobachtung und gut durchdachte Schlüsse, sensibles Mitgefühl und ein vielleicht vorsichtiger, aber sehr ehrlicher Gemeinschaftssinn. Befreiend, oder? Mit diesem Wissen kannst du daran gehen, deine individuellen Lebensaufgaben zu entdecken und zu leben.

Auf diesem Weg möchte dich dieses Buch mit vielen Anregungen und Übungen begleiten. Nutze es auf deine eigene Weise und lass dich von deiner Hochsensibilität zu deiner wahren Kraft und Lebensfreude führen.

Meine guten Wünsche begleiten dich auf deinem Weg.

Herzlichst, deine

EIN HOCH AUF BE-SONDERLINGE

Hochsensibilität ist (beinahe) ganz normal! Ungefähr 10 Prozent der Menschen haben diese verfeinerte Wahrnehmung und diesen Tiefgang im Verarbeiten von Reizen. Gehörst du dazu? Dann freu dich! Dir steht die Tür zu einem höchst sinnhaften und erfüllten Leben weit offen.

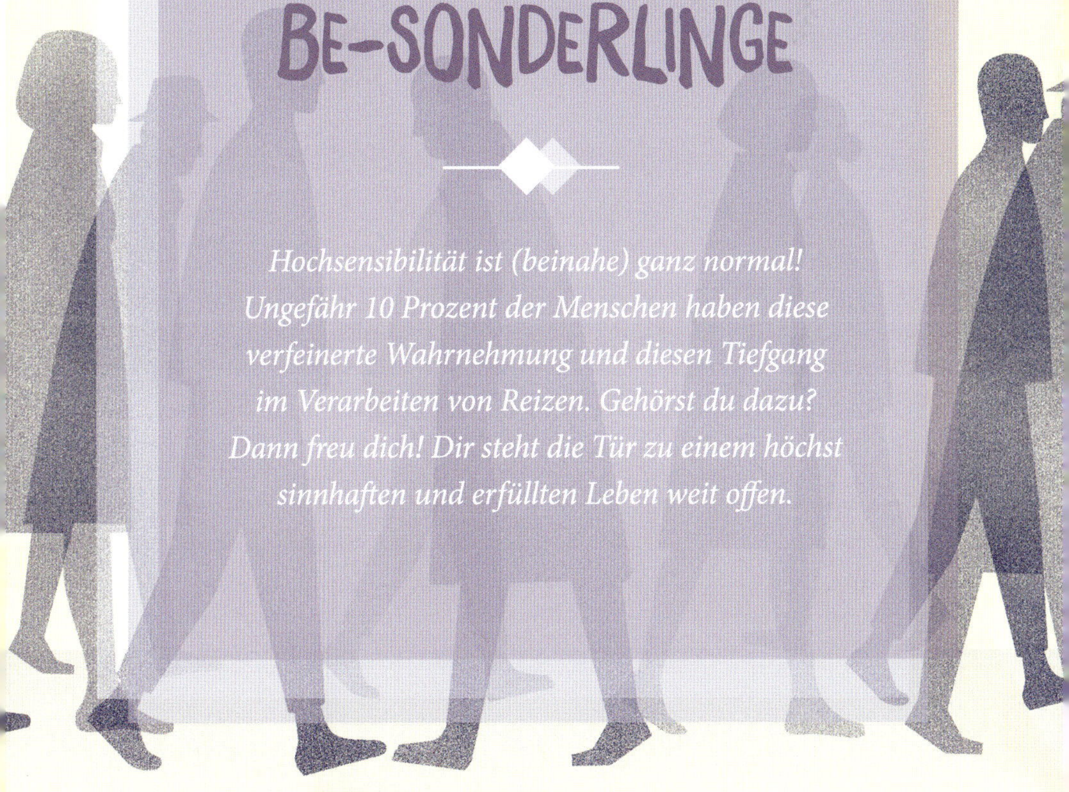

HOCHSENSIBEL GLÜCKLICH

Mit hochsensiblen Sinnen die Welt erfahren, mit feinsten Wahrnehmungen Stimmungen erfassen, zarte Vorahnungen wahr werden sehen, Menschen hinter ihrer Maske erfühlen – all das erleben hochsensible Menschen täglich.
Es ist nicht immer leicht, diese Flut von Sinneseindrücken zu bewältigen und zu verarbeiten. Manchmal ist es sogar recht anstrengend, eine derartig feine Wahrnehmung zu besitzen. Dann wird dem Hochsensiblen die Welt zu viel und er braucht Rückzug, Stille und Neubesinnung. Leider kann man das sich nicht in jeder Situation gönnen. Das macht aber nichts! Es gibt viele andere nützliche Strategien, um sich das intensive Erleben leichter zu machen.

NIMM DIE GABE AN

Zuerst ist es wichtig, die Feinfühligkeit als eine Gabe anzuerkennen und das enorme Potenzial, das darin liegt, schätzen zu lernen. Dieses Buch wird dir die Vorteile deiner Sensibilität aufzeigen und dich dabei unterstützen, dieses Persönlichkeitsmerkmal freudig anzunehmen. Er gibt dir einen Einblick in das Phänomen Hochsensibilität und Hinweise für den förderlichen Umgang mit der Feinfühligkeit im beruflichen und privaten Alltag. Wenn du dich mit dir selbst insgesamt wohler fühlen und deinen Körper als Freund sehen kannst, wenn du mehr Energie haben und weniger Stress, Druck und Erschöpfung erleben kannst, fühlt sich dein Leben auch insgesamt sehr viel leichter und unbeschwerter an.

MACH SIE DIR ZUM FREUND

Wichtig ist also zu lernen, wie du mit deiner Hochsensibilität bestmöglich umgehen und sie sogar als deine ganz persönliche Gabe nutzen kannst.
Auf diesem Weg und mit der Unterstützung dieses Buches wird dir allmählich bewusst, welche Auswirkungen die besondere Feinfühligkeit im beruflichen und privaten Leben haben kann. Du erhältst wirkungsvolle Hinweise für Alltagsstrategien, die es dir ermöglichen, dich mit deiner Sensibilität zutiefst anzufreunden. Mit etwas Übung kann es

dir gelingen, dich selbst als hochsensiblen Menschen schätzen und lieben zu lernen. Du erfährst zugleich auch, was du ganz praktisch in vielen Lebenssituationen tun kannst, um Kraftträuber aus deiner Umgebung zu verbannen.

GENIESS DAS LEBEN MIT ALL DEINEN FEINEN SINNEN

Das Einfache hat oft die größte Kraft und intensivste Wirkung. Darum biete ich dir hier eine große Zahl an unkomplizierten und alltagsorientierten Übungen. Sie machen dir die Facetten deiner Hochsensibilität stärker bewusst, lehren dich, das Beste aus diesem Potenzial zu machen, und offenbaren dir deine ureigenen Stärken.

Die Schulung deiner hochsensiblen Sinne ist der Schlüssel zu mehr Lebensqualität. Ein ganz einfacher Vergleich macht dir verständlich, warum: Jeder Handwerker wird ein Experte in seinem Fach, wenn er seine Werkzeuge virtuos beherrscht. Je besser er das kann, umso feiner werden seine »Werke«, umso schöner die Ergebnisse seiner Arbeit. Mit unseren Sinnen ist es nicht anders: Je besser wir mit ihnen umgehen können, umso feiner können wir die Wahrnehmungen steuern. Dazu dienen die vielen Übungen dieses Buches.

Probier davon aus, was dich anspricht. Bald wirst du dir sagen: »Nicht obwohl ich so bin, wie ich bin, sondern weil ich so bin, wie ich bin, ist das Leben wunderbar.« Wer eine hohe Feinfühligkeit in sich erkennt und lernt, in Harmonie mit ihr zu leben, findet einen Schatz von großer Sinnhaftigkeit und Tiefe. Genau das wünsche ich dir!

DER COACH AN DEINER SEITE

Die Kapitel dieses Buches zeigen dir mit praktischen Anregungen, wie du:

- deine Hochsensibilität kennenlernen und einschätzen kannst,
- deine Sinneswahrnehmungen filterst,
- Reizüberflutung weniger Raum gibst,
- die Botschaften deiner Wahrnehmungen besser verstehen kannst,
- immer stärker lösungsorientiert denkst und handelst,
- den Blick häufiger auf das Schöne und Vorteilhafte an deiner Hochsensibilität richtest.

ENDLICH KLARHEIT!

Viele Hochsensible lebten bis zur »Entdeckung« dieser Qualität irgendwie bedrückt. Sie fühlten sich unverstanden, falsch, fremd – wie von einem anderen Stern. Manche sind in ihrer Familie krasse Außenseiter, oft ist aber auch die ganze Verwandtschaft davon geprägt, denn Hochsensibilität taucht in vielen Familien gehäuft auf.

Aber auch eine späte Erkenntnis führt zu sichtbarer Erleichterung und lässt ein Lachen in den Augen aufblitzen. Viele beginnen dann ihre Lebensgeschichte neu zu erzählen, als hätten sich ihre Perspektiven vollständig geändert. Der neue Blickwinkel ermöglicht eine Umdeutung all dessen, was war. Oft fällt die Vergangenheit zusammen wie ein Kartenhaus. Die Wirklichkeit ist eine andere geworden. Die Entdeckung, hochsensibel zu sein, und das Staunen darüber bewirkt jedoch nicht nur eine Relativierung der Vergangenheit. Viel wichtiger ist das Gefühl, sich »wie am Anfang des Lebens« zu fühlen. So hat es eine liebe Freundin einmal bezeichnet.

Vielleicht stehst auch du gerade an diesem wunderbar zarten Neuanfang. Das neue Wissen um die Hochsensibilität kann erdrutschartige Erkenntnisprozesse in Gang setzen. Ein Aha-Erlebnis nach dem anderen, plötzliche Klarheit und neue Sinnhaftigkeit. Sie lassen viele Hochsensible einen neuen Platz in ihrem Leben finden und mit frisch entdeckter Kraft einnehmen.

GESTALTER DER WELT

Eine tiefere Intuition, mehr Feingefühl und gelebte Kreativität – überleg mal, wie schön diese Fähigkeiten unsere Welt machen! Hast du Lust, sie weiter zu veredeln und selbstbewusst zu leben?

EIN WEG DER ERKENNTNIS

Noch immer gibt es viel Ratlosigkeit, wenn ein Mensch erkennt, dass sich das, was er bemerkt und fühlt, von den Empfindungen der meisten anderen Menschen unterscheidet. Oft hält er sich dann für verkehrt oder gar krank.

Hochsensibel zu sein kann sich in vielen Lebensbereichen auswirken. Jeder Mensch ist von Geburt an sehr sensibel. Jedes Baby hat sehr feine Antennen, mit denen es seine Umwelt erfasst, es empfindet auch schon Sympathien. Schon bei kleinen Kindern ist früh zu erkennen, ob sie eine tiefere Wahrnehmung haben als ihre Altersgenossen: Sie reagieren intensiver auf Geräusche, Musik, Stimmungen oder Berührungen. Und besonders sensible Menschen bleiben es dann auch ihr Leben lang.

Es gibt jedoch Menschen, deren Hochsensibilität sich erst im Laufe des Lebens entwickelt hat. Je mehr stressbelastete Situationen oder traumatische Erlebnisse sie haben, umso feiner werden ihre Sinneskanäle. Ein sehr nützlicher Schutzmechanismus entsteht, dessen Auswirkungen ähnlich wie bei der angeborenen Hochsensibilität sind.

DER TEST

Mit dem Test vorn im Buch kannst du dir einen ersten klaren Eindruck davon verschaffen, ob du hochsensibel bist und in welchen Bereichen deine Hochsensibilität besonders ausgeprägt ist.

Fragen 1 bis 22 zum Körperlichen

Ermittle zuerst deine Punktzahl bei den Fragen 1 bis 22. Je mehr Punkte du hast, desto stärker ausgeprägt ist deine Hochsensibilität im körperlichen Bereich: Deine fünf physischen Sinne Sehen, Hören, Fühlen, Riechen und Schmecken sind ganz besonders feine Wahrnehmungskanäle.

Weniger als 25 Punkte: Deine Wahrnehmungen über die physischen Sinne sind normalerweise stressfrei und da-

Im Laufe des Lebens verändert sich die Sensibilität eines Menschen natürlich, aber eine sehr ausgeprägte angeborene Empfindsamkeit bleibt ein Leben lang erhalten.

her bist du überwiegend gut in der Lage, die Einflüsse des Alltags zu meistern. Auch bei unangenehmen Umwelteinflüssen gelingt es dir bestens, dich abzuschotten und diesen Sinneseinflüssen keine Macht über dein Wohlgefühl zu geben. Hochsensibilität lässt sich dir nicht zuschreiben.

Dennoch kann sie ein Thema für dich sein. Denn mithilfe der Anregungen in diesem Buch kannst du viele Entdeckungen machen, die dir den Umgang mit hochsensiblen Menschen in deinem Umfeld erleichtern. Vielleicht hast du ein hochsensibles Familienmitglied oder einen Kollegen mit besonders feinen Sinnen? Du kannst dank deiner Kraft und Stärke eine gute Stütze für andere sein und ihnen dabei helfen, mehr Leichtigkeit und Entspannung in ihr Leben zu bringen. Deine hochsensiblen Mitmenschen werden es dir danken!

Zwischen 25 und 45 Punkten: Du hast sehr sensible Seiten und manche körperlichen Einflüsse machen dein Leben besonders intensiv. Allerdings scheint es so zu sein, dass du – von Ausnahmen abgesehen – nicht sehr darunter leidest. Du bist sicher gut in der Lage, deinen Körper zu beeinflussen. Auszeiten von den vielen Eindrücken brauchst du nur selten und wahrscheinlich weißt du auch sehr gut, wie du dich selbst wieder ins Gleichgewicht bringst. Möglicherweise sind deine Sinneswahrnehmungen auch von der Tagesform abhängig: In stressigen Zeiten reagierst du dann sensibel, aber ansonsten hast du ein sehr harmonisches Verhältnis zu deinen Sinneseindrücken. Dieses Buch unterstützt dich dabei, deine Fähigkeiten noch weiter zu vervollkommnen.

Zwischen 46 und 60 Punkten: Du bist sicher ein hochsensibler Mensch. Es könnte sein, dass deine Hochsensibilität in deinem Leben ein Störfaktor ist, zumindest dann, wenn du noch keine Strategien gefunden hast, damit umzugehen. Dies beeinträchtigt durchaus deine Lebensfreude und deine Fähigkeit, mal abschalten zu können.

Vielleicht machen sich die intensiven Sinneseindrücke auch in Form von Schmerzen, Verspannungen oder anderen immer wieder auftauchenden oder chronischen Störgefühlen bemerkbar. Dagegen kannst du etwas tun! In diesem Buch findest du zahlreiche Denkanstöße und Übungen, wie du deine Hochsensibilität als Gabe entdecken und so mehr Freude und Harmonie in dein Leben bringen kannst.

Über 60 Punkte: Du bist ausgeprägt hochsensibel mit deinen fünf körperlichen Sinnen. Du hast die Fähigkeit, viel mehr von deiner Umwelt wahrzuneh-

HOCHSENSIBEL ODER HOCHSENSITIV?

Bedeutet das alles das Gleiche? Ich glaube nein: Wer hochsensibel ist, verfügt über feiner ausgeprägte fünf körperliche Sinne als andere. Er oder sie hört, sieht, schmeckt, fühlt und riecht differenzierter. Das kann leicht zu Reizüberflutungen führen, denn Hochsensible sind „zartbesaitet". Gleichzeitig sind sie dadurch aber auch in der Lage, viel feinere Informationen wahrzunehmen und zu interpretieren als ihre Mitmenschen. Ihre Saiten schwingen leichter, um bei diesem Bild zu bleiben. Kein Wunder, dass so viele Hochsensible Künstler sind!

Wer hochsensitiv ist, muss allerdings nicht unbedingt über diese Schärfung der fünf physischen Sinne und nicht über diese Empfindsamkeit verfügen. Stattdessen hat ein Mensch, der hochsensitiv ist, einen „sechsten" oder „siebten" Sinn. Hochsensitive sind das, was man „hellsichtig" oder „hellfühlig" nennt. Sie sind extrem empathisch, manchmal regelrecht medial. Sie haben Ahnungen, Visionen oder andere Empfindungen aus der „nicht-alltäglichen Wirklichkeit".

Hochsensitivität und Hochsensibilität treten oft gemeinsam auf, aber nicht immer. Es gibt Hochsensible ohne ausgeprägte Empathie oder nicht-alltäglichen Wahrnehmungen, und es gibt Hochsensitive, deren alltägliche Sinne durchschnittlich ausgeprägt sind.

Empfindsam oder empathisch, oder vielleicht beides – nur wer sich selbst versteht, kann lernen, seine Besonderheit wertzuschätzen und damit umzugehen.

men als die meisten anderen. Dieses Mehrfühlen prägt deinen Alltag ganz erheblich und es ist wahrscheinlich eine (schöne) Lebensaufgabe, mit dieser Gabe umgehen zu lernen. Dieses Buch kann dir helfen, passende Wege zu finden, der manchmal überbordenden intensiven Wahrnehmungsfähigkeit zu begegnen. Du kannst dabei auch herausfinden, wie du Außenreize, die dir (noch) schaden, gezielt beeinflussen kannst. Natürlich kannst du deine Umgebung nicht unbedingt ändern. Aber du kannst die Umgebungseinflüsse aktiv steuern und auch die Wahrnehmungsfilter beeinflussen.

Manchmal ist es nicht leicht, allein die passenden Wege zu finden, mit der Hochsensibilität umzugehen. Scheu dich nicht, auch Unterstützung durch

DEIN PERSÖNLICHES SINNLICHKEITSBUCH

Du kennst sicher den Spruch »Wer schreibt, bleibt.« Er gilt auch für alle Lernerfahrungen mit der Hochsensibilität: Wenn du sie schriftlich festhältst, bleiben sie. Ich empfehle dir daher, ein Tagebuch zu führen, das dich beim Arbeiten mit diesem Buch und den vielen Übungen begleitet.

Ein anderer Grund ist noch wichtiger. Hast du das nicht auch erlebt: Oft sagten in deiner Kindheit Verwandte, die dich länger nicht gesehen hatten: »Du bist aber groß geworden.« Du hattest dein Wachsen aber gar nicht mitbekommen. So ist es auch bei der Entfaltung der Persönlichkeit: Du merkst selbst nicht, was sich alles wandelt, da du immer unmittelbar dabei bist. Um die Veränderungen wahrzunehmen, funktioniert nur die Rückschau: Was hast du vor vier Wochen von dir, deiner Umgebung und anderen Menschen wahrgenommen? Was hat dich gestört? Wie bist du damit umgegangen? Wie hast du über deine Gaben gedacht? »Schreib dich auf!«

BILDERDENKER

Viele hochsensible Menschen denken in Bildern. Für sie als visuell-räumlich Orientierte ist die Logik nicht immer die Welt, in der sie zu Hause sind. Deshalb ist ihr Denken für andere oft ungewöhnlich oder gar unverständlich. Ein Hochsensibler muss dann, wenn er verstanden werden will, seine Bildsprache in Wortsprache übersetzen. Manche haben dafür eine besondere Gabe, von anderen wird es als belastend empfunden. Einerseits nehmen Bilderdenker viel mehr wahr als andere Menschen, andererseits ist es ihnen oftmals schlichtweg zu viel. Zu viele Eindrücke, zu viel Licht, zu viele Bewegungen, zu viele Details.

Das alles zu bemerken und zu verarbeiten ist anstrengend. Eine hohe Sensibilität macht aber auch aufmerksamer, fantasievoller und kreativer. Und davon haben am Ende alle etwas.

Coaches, Berater oder Therapeuten, die sich mit dem Phänomen auskennen, in Erwägung zu ziehen.

Fragen 23 bis 44 zum Seelischen

Ermittle nun deine Punktzahl in den Fragen 23 bis 44. Je mehr Punkte du hier hast, desto stärker hochsensibel bist du im seelischen Bereich: Deine überkörperlichen Sinne sind dann besonders fein – deine Hellfühligkeit oder metaphysische Realität.

Weniger als 25 Punkte: Die Wahrscheinlichkeit, dass du im seelischen Bereich hochsensibel bist, ist nicht sehr hoch. Du bist bodenständig, orientierst dich an der Welt, die mit den fünf körperlichen Sinnen erfassbar ist, und erlebst wohl selten sogenannte übersinnliche Phänomene jenseits der körperlichen Erfahrung. Das macht das Leben sicher einfacher für dich. Dennoch muss es etwas geben, was dich intuitiv dazu bewegt hat, dieses Buch zu lesen und diesen Test zu machen. Vielleicht ist da doch noch eine andere Ebene der Realität, die du ahnst, und vielleicht ist der Zugang dazu nur einen Hauch weit entfernt. Fühl einmal tief in dich hinein: Schlummert da noch etwas anderes, was gesehen werden will? Beim Weiterlesen in diesem Buch kommst du ihm sicherlich auf die Spur.

Zwischen 25 und 45 Punkten: Deine Wahrnehmungen haben durchaus Dimensionen, die mit den fünf körperlichen Sinnen nicht so einfach zu erklären sind. Es scheint aber so zu sein, dass sie dein Alltagsleben nicht störend beeinflussen. Freu dich daran, dass so wenig Irritation durch deine Hochsensibilität im seelischen Bereich wahrnehmbar ist. Sicher kannst du andere Menschen, die ausgeprägt hochsensibel sind, leichter verstehen und ihre Wahrnehmungsweise akzeptieren. Von Menschen wie dir bräuchte unsere rational geprägte Gesellschaft viel mehr!

Dieses Buch hilft dir mit vielen praktischen Anregungen dabei, die höhersinnlichen Wahrnehmungsdimensionen besser zu verstehen und vielleicht sogar noch ein wenig auszubauen.

Zwischen 46 und 60 Punkte: Ja, du spürst deutlich mehr als die allermeisten Menschen. Nicht (nur) mit deinen körperlichen Sinnen, sondern oft eben auch mit deiner Hochsensitivität im seelischen Bereich. Sie ist stark ausgeprägt und schenkt dir viele zusätzliche Erfahrungsebenen im Leben.

Manchmal ist es allerdings gar nicht so leicht für dich, damit umzugehen, aber auch das ist gut erlernbar. In den folgenden Kapiteln findest du zahlreiche Möglichkeiten und Übungen, wie du deine seelische Hochsensibilität als wertvolle Gabe entdecken und so mehr Freude und Harmonie in dein Leben insgesamt bringen kannst. Du brauchst keine speziellen Hinweise auf besonders nützliche Übungen. Du wirst sie in diesem Buch mithilfe deiner Intuition einfach finden.

Über 60 Punkte: Du bist auf jeden Fall hochsensitiv. Du nimmst energetische Ebenen des Lebens wahr und reagierst darauf. Es liegt auf der Hand, dass derartige Wahrnehmungen in unserer heutigen Gesellschaft wenig Beachtung finden. Manche lehnen sie sogar ab, obwohl sie ganz normal sind. Doch du bist nicht allein! Viele Menschen empfinden so feinfühlig wie du. Die allermeisten trauen sich nur nicht, über diese metaphysischen Bereiche zu sprechen. Oft werden entsprechende Wahrnehmungen sogar pathologisiert und in Schubladen von Krankheiten gesteckt. Mach dir keine Sorgen: Du bist völlig normal, außergewöhnlich normal eben. Lies dich durch dieses Buch und du wirst sicherlich vieles finden, was dir für dein Leben weiterhilft. Vertrau deiner wunderbaren Intuition, sie wird dich sicher leiten.

DU BIST DEIN BESTER COACH

Vielleicht hast du schon erkannt, dass es völlig normal ist, feinfühlig zu sein. Und nun wünschst du dir Wege, wie du besser damit umgehen kannst. Coaching ist eine wirkungsvolle Art, um Impulse für eine Neuorientierung zu finden. Dabei regt der Coach bei seinem Klienten Veränderungen in Einstellung und Verhalten an und gibt ihm Werkzeuge an die Hand, mit denen er die neuen Erkenntnisse umsetzen kann.

Dasselbe möchte ich dir mit diesem Buch ermöglichen, denn du kannst damit dein eigener Coach sein. Es unterstützt dich dabei, deinen persönlichen Entwicklungsprozess aktiv zu gestalten. Mit seiner Hilfe stellst du Überzeugungen und Verhaltensweisen infrage, um einen Wandel zu ermöglichen. Du gewinnst ein tieferes Verständnis von den Zusammenhängen zwischen intensiver Wahrnehmung, deinem Denken und Fühlen und dem daraus resultierenden Verhalten. Das hilft dir, gezielte Strategien einzuüben, mit deiner Hochsensibilität auf neue Weise umzugehen. So werden deine besonderen Fähigkeiten zu einem riesigen Gewinn für dein Leben. Nimm dieses Buch als Beginn eines neuen, freudvoll begangenen Weges.

ALLES, AUSSER GEWÖHNLICH

Der erste Schritt zur Veränderung liegt in der Bewusstmachung. Was zeichnet deine Hochsensibilität aus – ganz individuell? Darum geht es jetzt.

SENSIBEL IN EINER WENIG SENSIBLEN WELT

Unsere moderne Welt ist geprägt vom Verstand und von rationalen Entscheidungen. Dem Gefühl und der Intuition stehen viele eher misstrauisch gegenüber. Darüber hinaus leidet die Gesellschaft unter einer zunehmenden Beschleunigung, die enormen Stress ins Leben bringt. Umwelteinflüsse durch chemische Zusatzstoffe in der Nahrung tun ein Übriges, um hochsensiblen Menschen das Leben zu erschweren.

LÄRM AUF ALLEN KANÄLEN

Umweltverschmutzung bezieht sich schon lange nicht mehr nur auf die Natur. Wir selbst sehen uns mit unzähligen Störfaktoren konfrontiert: Die tägliche Geräuschkulisse wird immer dominanter, unser Konsumverhalten wird im Supermarkt mit Gerüchen und Düften manipuliert, ständige Erreichbarkeit über E-Mail und Smartphone lassen Rückzugsmöglichkeiten und Zeit für Ruhe und Besinnung seltener werden. Hinzu kommt die Überflutung mit permanenten Reizen durch elektronische Medien, Radio und TV.

In so einer Umgebung haben es vor allem die feinfühligen und zartbesaiteten Menschen nicht leicht. Oft wird ihre Sensibilität – von ihnen selbst ebenso wie von anderen – als etwas Störendes empfunden, denn sie passt einfach nicht in das Bild des ständig funktionierenden, allzeit belastbaren, arbeitssamen Menschen.

Von klein auf werden hochsensible Menschen von unterschiedlichsten Seiten dazu angehalten, sich anzupassen. Das führt dazu, dass sie oft hören: »Nun sei doch nicht so eine Mimose.« »Du musst dich einfach nur mehr abhärten.« »Leg dir ein dickeres Fell zu.« Oder: »Beiß einfach die Zähne zusammen.« Oder gar: »Stell dich nicht so an!«

Auch wenn die Welt laut und fordernd sein mag – schaff dir immer wieder Oasen der Stille, in denen du zu dir kommen kannst. Umso stärker wirst du sein.

INNERE RUHE FÜR ÄUSSERE KRAFT

In einer Welt, in der es in erster Linie darauf anzukommen scheint, sich selbst ins rechte Licht zu rücken und aufzufallen, können introvertierte Menschen schnell ins Abseits geraten. Im Gegensatz zu ihren extrovertierten Mitmenschen, die durch ihr Verhalten stets im Vordergrund stehen, werden sie kaum wahrgenommen. Introversion wird in der heutigen Gesellschaft als Mangel betrachtet, der sich negativ auf Karriere und Lebensqualität auswirkt.

Ein großer Teil der schüchternen und introvertierten Menschen gilt als hochsensibel und hochsensitiv. Wenn man Hochsensible befragt, schätzen sich etwa 70 Prozent als schüchtern und still ein. Ich kenne jedoch auch einige hochsensible Menschen, die keineswegs schüchtern sind und sich auch nie so bezeichnen würden. Und viele sind auch sehr erfolgreich. Zugleich empfinden sie sich als introvertiert. Sie brauchen Freiraum, Ruhe und Rückzug, sie haben lieber Gespräche mit einem oder zwei Menschen als mit mehreren in einer Gruppe. Sie sind abwartend und rezeptiv und preschen nie vor, um Aufmerksamkeit zu bekommen. Wenn es drauf ankommt und sie sich in ihrer Umgebung wohlfühlen, können sie jedoch durchaus sehr extrovertiert sein.

INTROVERTIERT? SUPER!

Gehörst du zu den »stilleren Wassern«? Freu dich dran! Die Welt ist voll von lauten Geräuschen – du kannst die leiseren Töne beisteuern und genau damit glücklich und erfolgreich werden. Wer lernt, zu seiner Individualität zu stehen, kann nach und nach all seine Gaben und Talente einbringen, in die Familie, in den Freundeskreis und auch ins Berufliche. Schenk dir die Erfahrung, dass es durchaus geschätzt wird, was du zu sagen und zu geben hast.

DIE HOCHSENSIBLE FRAU

Wenn Frauen die traditionellen Rollenklischees hinter sich lassen, kann es passieren, dass sie auch in Bezug auf ihren Körper und ihre Weiblichkeit eine neue Orientierung suchen müssen. Das ist nicht leicht. Es braucht Zeit und Toleranz sich selbst gegenüber, um die gegensätzlichen Ansprüche von Innen- und Außenwelt erfüllen zu lernen.

Hochsensible Frauen können sehr stark sein, doch meist sind sie es für andere. Wenn sie lernen, diese Stärke auch für ihr eigenes Wohlergehen einzusetzen, und sich erlauben, auch mal Schwächen zuzulassen, um Hilfe zu bitten oder sich bei Bedarf eine Auszeit zu nehmen, kann sich insgesamt ein schönes Gleichgewicht einstellen.

SIND FRAUEN EHER SENSIBEL?

Weil es bereits kleinen Mädchen eher erlaubt ist, sensibel und empfindsam zu sein, fällt es Frauen wahrscheinlich grundsätzlich leichter, zu ihrer Hochsensibilität zu stehen, als Männern. Dennoch gibt es auch sehr viele hochsensible und hochsensitive Männer.

Wie die männliche hat auch die weibliche Hochsensibilität in dieser Gesellschaft wenig Platz. Solange sich Frauen in traditionellen Rollenmustern aufhalten, indem sie sich um andere kümmern und angepasst und fürsorglich mit ihren Mitmenschen umgehen, ist alles okay. Aber was geschieht, wenn sensible Frauen in typischen Männerdomänen berufstätig sind? Dann haben sie natürlich die gleichen Besonderheiten zu bewältigen wie ein sensibler Mann. Allerdings kommt in diesen Fällen noch hinzu, dass sie sozusagen an zwei Fronten kämpfen: Einmal müssen sie sich in der Außenwelt durchsetzen und behaupten, aber gegenüber ihrer familiären Welt sollten sie weiterhin feinfühlig und rücksichtsvoll sein. Ein kräftezehrender Spagat.

GEFÜHLVOLLE MÄNNER

Während es für Frauen gesellschaftlich akzeptiert ist, feinsinnig und empfindsam zu sein, sind diese Eigenschaften bei Männern verpönt. Sie sollen immer noch eher cool, also unempfindlich sein. Stärke, Belastbarkeit, ein »dickes Fell« und Freude an (Wett-)Kämpfen sind nach landläufiger Meinung wünschenswerte und »normale« Eigenschaften für einen Mann. Hochsensible Männer haben es oft schwer, bei ihren Geschlechtsgenossen zu bestehen. »Weichei«, »Memme« oder »Frauenversteher« sind noch die harmloseren Beschimpfungen für sie. Auch Frauen kommen nicht immer gut mit sensiblen Männern zurecht. Natürlich wünschen sich viele Frauen einen zärtlichen und einfühlsamen Mann. Trotzdem soll er doch »irgendwie« Beschützer sein, jemand zum Anlehnen. So altmodisch und überholt diese Rollenbilder klingen mögen: Wer zu stark vom typischen Geschlechterbild abweicht, spürt, welche Macht sie noch haben.

DER HOCHSENSIBLE MANN

Alle hochsensiblen Menschen, besonders aber Männer, können dann in Frieden mit ihrer Besonderheit kommen, wenn sie sie als Gabe und Aufgabe begreifen. Unsere Gesellschaft braucht Männer, die ihre Emotionalität leben, die schon feine Schwingungen aufnehmen und Wert darauf legen, eine harmonische Umgebung zu schaffen. Und sie braucht Männer, die Vorbild sind für Jungen. Die ihnen zeigen, dass Männlichkeit nicht Härte heißen muss. Hochsensible Männer müssen lernen, ihre besonderen Stärken zu erkennen und gezielt einzusetzen.

Männer sind ebenso häufig zartbesaitet wie Frauen. So »unnormal« können sie also gar nicht sein! Und sie dürfen dabei wissen: Viele Frauen schätzen die Hochsensibilität beim anderen Geschlecht und sind nur zu gern bereit, sich darauf einzulassen.

DIE STÄRKEN HOCHSENSIBLER MENSCHEN

Vom Umfeld als schwierig oder gar exzentrisch wahrgenommen, empfinden Hochsensible ihre besondere Art zu fühlen und wahrzunehmen oft als schwere Last. Tatsächlich aber haben sie unglaublich viele Fähigkeiten und Gaben, die nur entdeckt werden wollen:

UMOR
GERECHTIGKEITS-SINN
KREATIVES DENKEN
TIEFES ERLEBEN
HERZLICHKEIT
SPIRITUALITÄT
GRÜNDLICHKEIT
EMPATHIE
MIMOSE
ÜBEREMPFINDLICH
LEBENSUNTÜCHTIG
UNBELASTBAR
DÜNNHÄUTIG

EIN BESONDERES KÖRPERGEFÜHL

Hochsensible verfügen über ein wertvolles Frühwarnsystem: ihren Körper! Alles, was nicht förderlich ist, wird von den Sinnen schnellstens übermittelt und fordert so zu Reaktionen auf. Oft bemerken Hochsensible schon, dass etwas nicht stimmt, lange bevor ein Arzt mit der herkömmlichen Herangehensweise der Medizin eine Diagnose parat hat. Ihr Körper ist ein Seismograf für viele ungesunde Störfelder. Das kann zwar auch dazu führen, dass diese Menschen als Hypochonder abgestempelt werden. Aber es hilft ihnen doch, gesund zu bleiben.

DIE SPÜRBAREN VORTEILE

Wer über ein so feinfühliges Körpersystem verfügt, hat dadurch die Möglichkeit, Krankheiten zu vermeiden oder sehr frühzeitig zu behandeln. Mit zunehmendem Alter sind die meisten hochsensiblen Menschen ohnehin nachsichtiger mit den Reaktionen ihres Körpers und haben gelernt, gut mit ihm umzugehen, ihn zu pflegen und zu schützen. Genauso wie ein Musiker sein wertvolles Instrument gut behandelt und es vor allen möglichen schädlichen Einflüssen bewahrt, lernt das auch ein hochsensibler Mensch mit den Jahren.

AUF DEN KÖRPER HÖREN

Hochsensible sind keinesfalls immer besonders anfällig für Krankheiten, empfinden Schmerzen intensiver oder neigen dazu, intensivere Symptome zu entwickeln, wenn sie krank sind. All das kann sein, muss aber nicht. Ich kenne auch hochsensible Menschen, die nicht mehr oder intensiver krank werden als andere. Zu genau denen kannst du gehören, wenn du lernst, frühzeitig auf die Warnsignale deines Körpers zu hören.

Weniger ist mehr!

Ein Vorteil der hohen körperlichen Empfänglichkeit ist es, dass viele hochsensible Menschen stärker und intensiver auf Medikamente und ihre Wirkstoffe reagieren. Sie benötigen daher oft nur geringe Dosierungen und sprechen gut auf sanftere Methoden an. Beispielsweise können Hochsensible oft sehr gut mit Homöopathie, Pflanzenheilkunde oder Akupunktur behandelt werden. Alle manuellen Therapien sind ebenfalls Alternativen, die sie bei Bedarf ausprobieren sollten.

TOO! MUCH! INFORMATION!

Normalerweise erreicht nur ein kleiner Teil der durch unsere Sinne aufgenommenen Informationen unser waches Bewusstsein. Der Rest wird entweder für interne physiologische Prozesse ausgewertet (zum Beispiel stärkere Durchblutung der Haut bei Wärmereizen), in automatische Handlungen umgesetzt (zum Beispiel Nasejucken) oder schlicht als unwichtig ausgefiltert. Diese Prozesse machen unser Leben deutlich unkomplizierter, weil wir uns nicht bewusst um alles kümmern müssen, was um uns herum geschieht.

Nun sind bei Hochsensibilität diese Filter durchlässiger, weitaus mehr Informationen dringen ins Bewusstsein, die Aufmerksamkeit fängt an, zwischen den unterschiedlichen Reizen hin und her zu springen – Überreizung und Verwirrung sind die Folge. Schon die tägliche Busfahrt zur Arbeit kann sich zum Spießrutenlaufen zwischen Autolärm, dudelnden Handys, Stimmengewirr und Kindergeschrei entwickeln und du sinkst genervt und erschöpft in den Stuhl, noch bevor du überhaupt zu arbeiten begonnen hast. Wenn dann noch das Telefon klingelt und ein Kollege gleichzeitig eine dringende Frage stellt, ist der Tag eigentlich schon gelaufen. Wiederholen sich solche Szenarios ständig, entsteht schnell Dauerstress mit ernsten Folgen für die Gesundheit.

DER KÖRPER REAGIERT

Bei akutem Stress schüttet das Hormonsystem die Stresshormone Adrenalin und Noradrenalin aus, die den Körper auf die Bewältigung einer aktuellen Krise vorbereiten sollen. Das Adrenalin setzt den Flucht- oder Kampfmechanismus des Körpers in Gang und das Noradrenalin aktiviert die entsprechenden Hirnareale. Verebben die Auslöser, werden die Hormone rasch abgebaut und der Körper kehrt in sein ursprüngliches Gleichgewicht zurück. Erfolgen jedoch wiederholte Stressschübe, beginnt die Ausschüttung des Hormons Cortisol, das nur langsam, manchmal erst nach einigen Tagen abgebaut wird. Gibt es innerhalb dieses Zeitraums weitere Überstimulation und zu viele Reize, bleibt das Cortisolsystem aktiviert und der Stress wird chronisch.

Neben zunehmender Gereiztheit, Konzentrationsstörungen und psychischen Störungen bis hin zum Burnout kann Dauerstress auch weitreichende körperliche Folgen nach sich ziehen. Von einer allgemein erhöhten Infektanfälligkeit, Bluthochdruck und Gelenkproblemen bis zu Krebserkrankungen und Diabetes wird nach neuesten Erkenntnissen eine Vielzahl körperlicher Probleme mit einem dauerhaft erhöhten Cortisolspiegel in Verbindung gebracht.

Klarheit – und dann Veränderung

Du bist bereits mittendrin in den positiven Veränderungen für noch mehr Lebensqualität mit deiner Hochsensibilität. Wieso? Weil du dir beim Lesen dieses Kapitels viel bewusst machst. Das ist der erste Schritt, um bestimmte Dinge künftig noch besser zu handhaben.

ÜBUNG

NOTIZEN

Nimm dir am besten gleich dein Tagebuch und schreib dir beim Lesen der folgenden Seiten auf, wie dein Körper auf zu viel Belastung und ein Übermaß an Reizen meist reagiert. Kannst du spüren, wie viel Mühe er sich gibt, mit all den Anforderungen klarzukommen?

Psychosomatische Reaktionen

Krankheiten äußern sich sowohl auf körperlicher als auch seelischer Ebene. Ebenso beeinflussen sich psychisches und körperliches Befinden wechselseitig. Die Psychosomatik ist das medizinische Fachgebiet, das sich mit Krankheiten befasst, bei denen psychische Faktoren besonders im Vordergrund stehen. Der Begriff Psychosomatik leitet sich von den beiden griechischen Wörtern Psyche (Seele) und Soma (Körper) ab. Eine psychosomatische Therapie muss immer seelische, soziale und körperliche Aspekte der Erkrankung berücksichtigen.

Allergien und Co.

Hochsensible Menschen sind oft (aber nicht immer) anfällig für Allergien. Bei Allergien reagiert das Immunsystem überempfindlich auf eigentlich harmlose Stoffe und handelt so, als seien sie gefährlich: Speziell in den Industrieländern muss der menschliche Organismus zunehmend mit chemischen und unnatürlichen Stoffen umgehen. Wird es ihm zu viel, beginnt er, auf bestimmte Dinge wie auf Krankheitserreger zu reagieren. Das Immunsystem ist dadurch ständig aktiv und in Gefahr, mit der Zeit geschwächt zu werden. Sehr sensible Menschen reagieren oft auch empfindlich auf Elektrosmog.

Magen-Darm-Probleme

Sensible Menschen neigen dazu, zu viel »herunterzuschlucken« und sich mehr zuzumuten, als sie verdauen können. Dies muss mit der Zeit den Magen-Darm-Trakt provozieren, auf sich aufmerksam zu machen und Stopp zu rufen. Einem harmoniebedürftigen Menschen fällt es meist schwer, Nein zu sagen oder sich mit einer unangenehmen Situation zu konfrontieren. So etwas schlägt ihm dann leicht auf den Magen oder er hat »Schiss« vor einer Auseinandersetzung. Hinzu kommt eine erhöhte Reaktionsbereitschaft auf chemische oder künstliche Stoffe in der Nahrung, was die Verdauung ebenfalls beeinträchtigen kann.

Die Sprache drückt es sehr direkt aus: Uns geht etwas »an die Nieren« oder »zu Herzen«.

Kopfschmerz und Migräne

Hochsensible Menschen »zerbrechen sich oft den Kopf«, indem sie Situationen oder Gespräche intensiv analysieren. Häufig übernehmen diese Menschen viel Verantwortung, kümmern sich um ihre Mitmenschen und machen sich Sorgen. Aufgrund ihrer »Grübeleien« neigen sie zu Kopfschmerzen in allen Variationen.

Die Haut als Abgrenzungsorgan

Jeder Mensch kennt sicherlich das Wort »dünnhäutig«. Es ist eine wunderbare Metapher für das Schutzkleid des Hochsensiblen: seine Haut. Der Zusammenhang zwischen Überreizung und Sensibilität zeigt sich sehr offensichtlich an den Reaktionen der Haut. Sie kann leicht gereizt reagieren bei rauen, kratzigen Stoffen und »Plastik«-Textilien oder auf Waschmittel und Cremes oder andere Kosmetika.

Auch psychisch weist die Haut als Grenze zur Umwelt zuverlässig auf Überlastungen hin. Je weniger ein hochsensibler Mensch in der Lage ist, schädlichen Einflüssen (seelisch ebenso wie körperlich) Einhalt zu gebieten, umso leichter reagiert die Haut.

DIE BOTSCHAFT DER MIGRÄNE

Migräne ist ein Krampfzustand und der Gegenpol zum Loslassen, was hochsensiblen Menschen manchmal schwerfällt. Vor allem wenn sie einen hohen Anspruch an sich selbst haben und zu Perfektionismus neigen.

Bei vielen ist es so: Wenn sie ihre Grenzen deutlich überschreiten, brauchen sie eine Begründung, die ihnen erlaubt, sich sofort zurückzuziehen – allein in einen abgedunkelten Raum. Die Migräne gibt ihnen diesen Freiraum für sich selbst und Abstand zur Umwelt. Für hochsensible Migränepatienten ist der Kopfschmerz oft ein wichtiger Schutzmechanismus, der sie u. a. vor massiver Überlastung bewahrt, davor, dass die Sicherungen durchbrennen.

DIE TOLERANZ DER ANDEREN

Gerade in Beziehungen haben es Hochsensible nicht immer leicht. Aber auch die anderen haben ordentlich zu ringen. Zwischen Betriebsamkeit und wochenlangem Rückzug sind bei ihrem hochsensiblen Gegenüber alle Facetten vertreten. Gemeinsame Unternehmungen lassen sich oft nicht planen, da es immer wieder zu Zeiten kommt, in denen das Ruhebedürfnis größer ist als der Wunsch, eine Party, das Theater oder Freunde zu besuchen. Hier braucht es auf beiden Seiten Toleranz und eine gute Kommunikation.

Ein verständnisvoller Partner

Ohne die Phasen der Zurückgezogenheit ist es für Menschen mit überdurchschnittlichem Wahrnehmungsvermögen unmöglich, zu seelischer Ausgeglichenheit zu finden. Sie sind hierin auf das Verständnis der Freunde und vor allem des Partners angewiesen. Nur jemand, der nachvollziehen kann, dass die Zeiten der Ruhe für die Verarbeitung dringend notwendig sind, entwickelt Verständnis für die besondere Situation so sensibler Menschen. Auch

ÜBUNG

RÜCKZUG UND AUSZEIT

Ruhephasen zur Verarbeitung der Eindrücke sind für Hochsensible dringend notwendig. Die ständige Aufnahme unendlich vieler Reize führt dazu, dass sie sehr viel schneller ermüden und meist lange Verarbeitungsphasen brauchen. Nimm dir also unbedingt ausreichend Zeit für dich selbst. Sollte das gerade nicht gehen, hilft die folgende kleine Visualisierung, die dich vor der Reizflut abschirmt:

- Stell dir einen langen, dichten, leichten Mantel um deine Schultern vor. Er hüllt dich ein und hält alle überflüssigen Reize von dir ab.
- Kreiere diesen Mantel ganz nach deinen Wünschen – in Farbe, Form und Stoff. Vielleicht hat er eine Kapuze? Du sollst dich richtig wohl darin fühlen. Er ist deine Zuflucht mitten in der Menge.

wenn es nicht immer einfach ist, Menschen zu finden, die die speziellen Bedürfnisse akzeptieren, sollte niemand aufgeben, nach ihnen zu suchen. Eine Freundschaft oder Partnerschaft, die Rückzugsphasen erträgt, stellt eine beglückende Erfahrung dar und stillt die Sehnsucht nach Geborgenheit.

Der richtige Job

Das Gleiche gilt für den beruflichen Alltag. Bei der Wahl der Arbeitsstelle dürfen Gehalt oder Ansehen nicht im Vordergrund stehen. Ein hochsensibler Mensch braucht auch im Arbeitsleben Möglichkeiten des Rückzugs. Bei der Fülle von Informationen, die er aufgrund seiner überscharfen Sinne täglich aufnimmt und verarbeitet, sind Ruhephasen immens wichtig. Ein ruhiges Arbeitsklima, ein abgeschiedenes Büro und die Lust auf die beruflichen Anforderungen sind Punkte, die bei der Jobsuche vorrangig zählen sollten.

In einem Großraumbüro ist ein hochsensitiver Arbeitnehmer fehl am Platz. Durch die dauernde Anwesenheit von Kollegen, Telefonklingeln und Stimmengewirr besteht die Gefahr einer Überlastung, weil die Reize nicht mehr verarbeitet werden können. Wenn dagegen die speziellen Bedürfnisse erfüllt werden können, stellen Hochsensitive eine echte Bereicherung für ein Unternehmen dar. Sie bringen etwas ein, was sonst fehlen würde.

OFFENHEIT IST WICHTIG

Sprich an, was dich bewegt! Erzähl deinem Partner oder deinen Freunden von deiner Hochsensibilität. Sag ihnen, dass du ab und zu Zeit für dich selbst brauchst und dass das nie eine Entscheidung gegen sie, sondern immer eine für dich ist. Sei ehrlich, wenn du bestimmte Unternehmungen mal nicht mitmachen willst oder keine Lust auf Musik oder Party hast.

WENN DIE SICHERUNG DURCHBRENNT

Die Zunahme des Burnouts – des Ausbrennens – ist eine Folge der ansteigenden Anforderungen der modernen Welt an den Einzelnen. Burnout kann auch außerhalb des beruflichen Umfeldes entstehen, beispielsweise bei andauernder Doppelbelastung, finanziellen Problemen, kontinuierlichen Kränkungen oder auch chronischer Verbitterung im Privatleben. Hochsensible, die bisher noch nicht gelernt haben, mit ihrer besonderen Veranlagung umzugehen, sind vermehrt gefährdet, in ein Burnout zu geraten.

Erschöpfung

Viele Hochsensible wissen, dass die Belastungen immer größer werden: Zeitdruck und Komplexität der Aufgaben, ständige Erreichbarkeit und Multitasking. Mobbing nimmt zu, Wertschätzung, Erholungsmöglichkeiten und Selbstvertrauen hingegen ab. Eine Sache aber hat jeder in der Hand: die Selbstfürsorge. Nur wer nicht mehr darauf hört, was ihm guttut, rutscht Schritt für Schritt in die chronische Erschöpfung. Sicher, die äußeren Umstände scheinen es uns manchmal unmöglich zu machen, gut für uns zu sorgen. Dennoch: Wir selbst müssen Wege finden, unser Bedürfnis nach Ruhe und Erholung immer wieder zu erfüllen.

Zu hohe Erwartungen

Wesentliche Ursachen für Erschöpfung und Burnout sind zu hohe Erwartungen und Ziele und lang andauernder Stress. Die Betroffenen setzen sich intensiv für andere oder ein Projekt ein und bekommen dafür wenig bis gar kein positives Feedback. Menschen, die ihre Aufgaben mit großem Einsatz und einem sehr hohen Anspruch an sich selbst – bis hin zum Perfektionismus – erfüllen, vergessen oft sich selbst und verlieren das Gespür für die eigenen geistigen, seelischen und natürlich auch körperlichen Energiereserven. Wenn sie sich dann in Zeiten der Überlastung keinen Raum für Erholung geben und ihre eigenen Bedürfnisse missachten, gibt es nichts mehr, womit sie den Stress ausgleichen könnten. Dann wird die Basis für ein Burnout gelegt. Dauerstress und ein Mangel an Entspannungspausen führen zuverlässig in diesen Teufelskreis hinein. Zieh also unbedingt ganz schnell die Reißleine, wenn du merkst, dass du auf diesen (Ab-)Weg geraten bist.

ÜBUNG

EIN ANFANG: LÄCHELN

Selbst sehr lange Wege beginnen mit einem ersten Schritt. Du kannst mit einer Entspannung des Gesichts anfangen, die auch noch Freude macht: mit einer Meditation des Lächelns.

- Setz dich aufrecht hin, lass die Füße einen guten Bodenkontakt haben und atme ruhig und tief durch.
- Lass nun ein Lächeln entstehen. Zieh die Mundwinkel nach oben, lass die Augen leuchten. Tu so, als ob. Lächle dir selbst zu. Dein Gehirn nimmt die Botschaft entgegen: Aha, da ist etwas gut. Das gebe ich weiter.
- Spürst du, dass du dich schon ein wenig besser und freier fühlst?

KURZ VORM BURNOUT DIE BREMSE GEZOGEN

Bettina, 45, ist erfolgreich in ihrem Beruf als Ärztin. Dort kann sie ihre Sensibilität zum Wohle ihrer Patienten einsetzen. Nur für sich selbst hatte sie das noch nicht gelernt. Von Kindheit an litt sie unter Kopfschmerzen, später wurden daraus massive Migräneattacken, die ihre Lebensqualität erheblich einschränkten. Zusätzlich litt sie unter einer vielfältigen Nahrungsmittelallergie und sie hatte verlernt, ihr Hungergefühl zu beachten. Nachdem sie jahrzehntelang so gelebt hatte, stieß sie auf das Phänomen der Hochsensibilität. Sie erkannte, dass ihr Körper ein feines Instrument ist, das frühzeitig Hinweise auf zerstörerische Lebensweisen gibt. Sie hatte sich zeit ihres Lebens überfordert. In ihrem Elternhaus zählte nur Leistung, für Befindlichkeiten war kein Platz. Leider aber machte Bettina noch eine Zeit so weiter wie bisher. Irgendwann kam der Tag, an dem ihr Körper streikte. Sie konnte sich nicht mehr konzentrieren, fühlte sich ausgelaugt, die Migräne verstärkte sich, ihr Schlaf war nicht mehr erholsam, sondern glich einem Koma. Als Fachfrau erkannte sie die Vorboten eines Burnouts. Sie erkannte durch ihr Wissen der Psychosomatik, dass ihr Körper ihr lange schon Botschaften schickte: Er wollte, dass sie Arbeit und Privatleben ausbalancierte, mehr Ruhepausen einlegte, sich gesund ernährte und ihr Schlafbedürfnis nicht mehr unterdrückte. Bettina kam dem endlich nach und lernte auch, die feinen Vorboten der Migräne zu erkennen. Heute ist sie frei von Kopfschmerzen, kann wieder gut schlafen und hat erkannt, wie wunderbar ihr Körper für sie sorgt. In ihrer Praxis hat sie sich auf die Behandlung von Hochsensitiven und Hochsensiblen spezialisiert.

WIE ES SICH ANFÜHLT, VIEL ZU SPÜREN

Genauso intensiv wie auf das körperliche Empfinden und Reagieren wirkt sich Hochsensibilität auch auf das seelische und mentale Wohlgefühl aus. Alle Ebenen des Seins, Körper, Seele und Geist, sind beeinflusst von der Empfindsamkeit und können sowohl von ihr profitieren als auch darunter leiden.

STOLPERSTEINE ERKENNEN

Wenn du deine Feinsinnigkeit jahrelang verdrängst und versteckst, führt das zu nichts Gutem. Körperliches, seelisches und/oder psychisches Ungleichgewicht dürfte die Folge sein. Aber du bist ja mit diesem Buch bereits dabei, deine Besonderheiten positiv zu sehen und deinen eigenen Weg zu finden, die Welt an deinen Gaben teilhaben zu lassen.

Wir alle haben es selbst in der Hand, unser Umfeld so zu gestalten, wie wir es mögen, wie es uns freut und wie es uns guttut.

Menschen mit einer Hochbegabung der Sinne haben ein ganz besonderes Geschenk erhalten, das ihr Leben und das ihrer Mitmenschen bereichern soll. Allzu oft aber wurden sie in der Kindheit verkannt, nicht richtig gefördert und vielleicht sogar in ihrer natürlichen Entwicklung behindert. Das führte nicht selten zu Selbstzweifeln und einer inneren Unsicherheit.

Selbstzweifel

Keiner gleicht dem anderen. Menschen, die hochsensibel auf die Welt kommen, entwickeln sich jedoch anders als die meisten anderen – und von denen aber kommt der Großteil des Feedbacks. Menschen sind soziale Wesen, deswegen legen wir ganz unbewusst immensen Wert auf die Rückmeldung unserer Umgebung. Gerade Kinder brauchen die Anerkennung von anderen Kindern und von Erwachsenen. Sie werden all das, wofür sie gelobt werden, verstärken und das, wofür sie bestraft werden, vermeiden. Egal, ob es um ein Verhalten, das Aussehen, Aussagen oder Gefühle geht. Merkst du, welche Auswirkungen eine nicht angenommene Hochsensibilität auf das Selbstwertgefühl hat?

Hochsensible werden als »anders« wahrgenommen, schlimmstenfalls hagelt es verletzende oder beleidigende Kritik. Das ist eine Erfahrung, die viele außergewöhnliche Menschen gemacht haben. Gerade bei Hochsensiblen kann eine wiederholte Erfahrung von schlechtem Feedback sehr nachhaltige Wunden verursachen. All das kann die Ursache von Selbstzweifeln sein, die den Betroffenen so lange begleiten, bis er aktiv für sich herausfindet, was ihn von seinen Mitmenschen unterscheidet, und dann lernt, dieses Anderssein selbst zu schätzen und zu achten.

Lass sie denken, was sie wollen

Viele hochsensible Menschen erleben gerade unter dem Einfluss von Stress und Ablehnung, dass sie sich tausende Gedanken darüber machen, was andere von ihnen denken. Wenn ein Mensch jedoch völlig mit sich im Reinen ist und seine Sensibilität gern lebt, ist es ihm völlig schnuppe, was man von ihm denkt. Ist dein Selbstvertrauen stabil, lebst du weitgehend angstfrei.

KEINE FALSCHEN SCHLÜSSE!

Ja, hochsensible Menschen grübeln oft und machen sich manchmal auch irrationale Sorgen. Dennoch haben Ängste meist nichts mit der Hochsensibilität an sich zu tun. Nur weil die Sinneswahrnehmungen feiner sind, müssen keine Sorgen entstehen. Im Gegenteil: Die Welt wird bunter und vielschichtiger. Hochsensibilität ist eine Gabe und Aufgabe, kein Fluch und schon gar keine Krankheit. Kein Hochsensibler sollte sich mit der Erklärung abfinden: »Aha, ich bin hochsensibel, deswegen habe ich Ängste, Depressionen.« Suche die Vorteile in deiner Art, dein Potenzial!

Perfektionismus

Das Streben nach Perfektion ist ein Wesenszug vieler Hochsensibler. Während sie die Fehler anderer oft selbstverständlich akzeptieren, neigen sie sich selbst gegenüber zu unerbittlicher Kritik. Perfektionismus kann dann dazu führen, dass sie ein Vorhaben lieber gar nicht angehen, als es unzureichend auszuführen. Aus der Begabung wird ein Fluch, der ein zufriedenes Leben mit den eigenen Talenten verhindert.

Doch so anstrengend die Klette Perfektionismus auch sein kann, sie ist auch eine Herausforderung, der du dich leidenschaftlich stellen kannst. Das Streben, sich selbst zu vervollkommnen, ist ja etwas Positives. Das Streben nach Perfektion aber erweist sich häufig als kontraproduktiv. Wer sich das perfekte Bild vorstellen kann, muss deshalb noch nicht in der Lage sein, es zu zeichnen.

Lass los, lass locker, mach dich frei davon, perfekt sein zu wollen. Sei lieber ganz und gar du selbst. Das ist vielleicht nicht perfekt, aber es ist in jedem Fall wundervoll.

Anpassung

Hochsensible Menschen entwickeln intuitiv sehr früh bereits ihre Anpassungsstrategien. Nicht selten ist es aber leider so, dass ihnen die Anpassung an Rahmenbedingungen, die für die Mehrheit geschaffen wurden, schwerfällt. Die natürlichen Eigenarten eines hochsensiblen Kindes werden oft als nicht vereinbar mit der Einheitsnorm eingeschätzt oder geradezu bekämpft. Das Kind entwickelt sich offenbar nicht so, wie man es von einem »normalen« Kind erwartet. Dann wird oft recht drastisch »herumerzogen«, um die Anpassung doch zu gewährleisten. Darunter kann das Selbstbewusstsein des sensiblen Menschen sehr leiden.

Akzeptiert wird eine besondere Sensibilität immer dann, wenn man sie im Sinne der Gemeinschaft – wie bei Mutter Teresa – oder Arbeitswelt – wie bei vielen Therapeuten – einsetzt. Dort kann sie großen Nutzen bringen und der Hochsensible wird dafür auch anerkannt. Auch er muss aber aufpassen, die eigenen besonderen Bedürfnisse nicht zu vernachlässigen, damit er nicht in der Selbstüberforderung landet.

Einbringen aber kann jeder seine Gaben auf seine individuelle Weise. Wer sie »nur« für sich selbst nutzt und dadurch ein ausgeglichener und freundlicher Mensch wird, auch der tut etwas Gutes für sich und harmonisiert durch sein Wesen ein wenig die Welt.

SPIRITUALITÄT UND SENSITIVITÄT

Hochsensibilität kann weit über körperliche Wahrnehmungsebenen hinausgehen. Viele Hochsensible verfügen sozusagen über den sechsten, siebten und achten Sinn: Hellsichtigkeit, Hellhörigkeit und Hellfühligkeit. Derart sensitive Menschen fühlen sich oft hingezogen zu Philosophie, Metaphysik und Spiritualität.

Vieles, was diese Menschen beschäftigt, kommt in der Öffentlichkeit gar nicht vor. Ihre enorm ausgeprägte Empathie kann bis hin zur Medialität gehen. Es ist leicht vorstellbar, wie schwierig der Alltag mit diesen Voraussetzungen sein kann, solange man nicht zu ihnen steht. Leicht kann sich Einsamkeit breitmachen, denn es gibt nicht allzu viele Menschen, die »höhere« Wahrnehmungen und die Existenz von Dingen, die

SELBSTBEWUSSTSEIN & CO.

Selbstsicherheit ist nicht angeboren, sondern sie wird im Laufe eines Lebens erworben. Sie beruht auf Erfahrungen und Überzeugungen. Selbstbewusstsein hingegen bedeutet, sich der eigenen Stärken und Schwächen bewusst zu sein. Das Selbstwertgefühl ist ähnlich: das Gefühl, eine Bedeutung zu haben, wertvoll zu sein. Hinzu kommen noch Selbstvertrauen und Selbstakzeptanz, die darauf hinweisen, dass man sich selbst kennt und schätzt. All diese Begriffe werden vor allem von hochsensiblen Menschen wichtig genommen.

sich nicht mit den fünf Sinnen erfassen lassen, vorurteilsfrei annehmen können, vor allem wenn sie selbst keinerlei Erfahrungen damit gemacht haben.
Doch davon muss sich niemand abhalten lassen. Wer diese besondere Feinfühligkeit in sich erkennt und lernt, konstruktiv mit ihr zu leben, findet einen wahren Schatz, der ihn auf eine faszinierende Weise durchs Leben trägt. Und das wiegt viel mehr als das kurzlebige Okay anderer Menschen.

Außergewöhnliche Wahrnehmung

Hochsensible haben oft diese ganz speziellen Fähigkeiten wie Hellsichtigkeit und Hellhörigkeit oder ein ausgesprochen gutes empathisches Einfühlungsvermögen. Dass es Energien auch außerhalb unserer materiellen Welt gibt, ist ihnen selbstverständlich.
Warum manche »etwas« sehen und andere nicht? Stell dir vor, Hellsichtigkeit kann mit einem Regler auf- und zugedreht werden. Wer gerade mal seine

DEN INNEREN REICHTUM NUTZEN

Hochsensible und hochsensitive Menschen brauchen besondere Rahmenbedingungen, in denen sie gut leben und arbeiten können. Das Wichtigste für ihre Zufriedenheit ist das Erkennen der eigenen Hochsensibilität in all ihren Facetten und Auswirkungen auf das persönliche Leben.
Danach kannst du deine Lebens- und Arbeitsbedingungen an deine Veranlagung so weit wie möglich anpassen: zum Beispiel eine sinnvolle Arbeit finden (oder Sinn in die bestehende Tätigkeit bringen), Schritte in Richtung Berufung planen oder für eine ruhige Atmosphäre zu Hause und eine offene und ehrliche Kommunikation mit dem Partner sorgen. Ein solcher Prozess, behutsam durchlebt, führt in der Regel immer zu einer deutlich höheren Lebenszufriedenheit und zu mehr Effektivität im Beruf.

ÜBUNG

ENTSPANNUNGSMEDITATION

- Setz dich auf einen Stuhl oder auf ein Kissen am Boden, wenn dir das angenehm ist. Der Rücken sollte gerade sein. Die Hände können entspannt auf den Oberschenkeln liegen.
- Atme nun tief ein und aus. Schließ dann langsam die Augen und spür in dich hinein. Wie geht es dir? Wie fühlt sich dein Körper an?
- Wo nimmst du Spannungen wahr? Vielleicht im Nacken oder in der Magengegend? Atme bewusst dorthin, sanft und mit deiner gesamten liebevollen Aufmerksamkeit.
- Spür, wie sich die verspannten Stellen lockern und lösen. Spür, wie sich alle Muskeln und Sehnen entspannen. Genieß diese Veränderung.
- Bleib so für einige Minuten in der Stille sitzen. Öffne abschließend die Augen und komm in deinem Tempo wieder im Raum an.

fünf Sinne nutzen kann, bei dem ist der Regler auf »zu«. Je weiter er aufgedreht wird, desto mehr kann wahrgenommen werden. Bei Hochsensiblen ist er sicherlich ein Stück weit offen, wie weit, das ist individuell unterschiedlich.

Meditation als Schlüssel

Wenn dein Regler offen ist, machst du es dir leichter, wenn du deine Fähigkeiten bewusst annimmst und sogar ausbaust. Einfache Meditationsübungen machen es dir möglich, gleichzeitig zu mehr Ruhe und innerer Stärke zu finden und deine vielfältigen sinnlichen oder sogar übersinnlichen Fähigkeiten auszubauen. Du wirst damit also stabiler und feiner zugleich. Besser geht es nicht. Oben deshalb gleich eine Entspannungsmeditation. Probier sie aus und nutze sie, wann immer du willst: morgens, abends, zwischendurch.

HÖCHSTE GABEN: WERTE UND SINN

Die Begabung der vielen Sinne, wie sie für Hochsensible typisch ist, kann man auch als Eigensinn verstehen. Eigensinn ist toll! Eigensinn macht Sinn, wenn es um Selbstwert und Selbstakzeptanz geht. Er lässt uns nicht anerzogenen Erwartungen gehorchen, sondern nur dem eigenen Inneren. Es ist wichtig, den Sinn des Lebens, den eigenen Wert zu erkennen und damit auf eine erfolgreiche Zukunft zuzusteuern.

Das ist nicht gleichzusetzen mit Starrsinn oder Intoleranz. Eigensinn heißt einfach, dass sich Hochsensible nicht dem Einheitsbrei unterordnen. Der entspricht ihnen nicht und er täte ihnen auch nicht gut. Vielmehr ist es für sie ganz besonders wichtig, ein Individuum mit Eigenheiten zu sein. Es ist nur natürlich für sie – wenn auch nicht immer leicht –, sich von der Masse abzuheben und so etwas Besonderes zu sein. Jeder von uns hat Talente, die oft im Verborgenen schlummern, weil wir Angst haben, aufzufallen oder sogar Ärger zu provozieren. Dabei sind gerade die Menschen, die ihren Lebenssinn und damit auch ihren Selbstwert erkannt haben, die glücklichen und erfolgreichen im Leben.

INNERE WERTE

Egal, wie philosophisch man es betrachtet, wichtig sind wir selbst und das, was wir mit unseren inneren Werten anstellen. Lassen wir doch mal die Konventionen hinter uns! Ist es nicht egal, was »man« tut? Eigensinn macht Spaß und er schadet auch niemandem, wenn er mit Intuition und Feinfühligkeit entwickelt wird, was Hochsensiblen meist ohnehin ein Bedürfnis ist.

Werteorientierung

Ein werteorientiertes Leben liegt hochsensiblen Menschen sehr am Herzen. Für sie ist eine Orientierung an stabilen

»Eine Tugend gibt es, die liebe ich sehr, eine einzige. Sie heißt Eigensinn.«

HERMANN HESSE

Werten wie Harmonie, Freiheit, Ehrlichkeit und Vertrauen meist wichtiger als der Schein, ein Erfolg um jeden Preis oder ein öffentliches Renommee. Für feinsinnige Menschen ist die persönliche und spirituelle Entwicklung oftmals bedeutsamer als Konsum und Freizeitstress. Sie möchten ihre Persönlichkeit verstehen und vervollkommnen und sie für ein sinnhaftes Leben zur Entfaltung bringen.

Werte sind eine zwingende Voraussetzung für Anerkennung und Wertschätzung. Gelebte Werte führen zu einer bewussten Lebensführung und zum allmählichen Erkennen der eigenen Berufung – zu dem, was aus dem Inneren heraus nach uns ruft. In manchen Phasen des Lebens geschieht Werteentwicklung unwillkürlich und ungeplant, beispielsweise in den großen Lebensveränderungen, die wir erleben, wenn wir aus der Ausbildung ins Berufsleben, aus dem Singledasein in eine Partnerschaft, in die Vater- oder Mutterrolle kommen oder wenn wir schmerzhafte Trennungsprozesse erleben. Wird die Sinnfrage gestellt, dann folgt aus ihr eine bewusste oder geplante Werteentwicklung und der empfindsame Mensch kann mit der Zeit tatsächlich seiner Bestimmung gemäß leben.

ZUM EIGENEN FINDEN

Oft nennen Menschen bei der Frage nach ihren Werten eine Reihe sozial anerkannter Eigenschaften wie Ehrlichkeit, Hilfsbereitschaft, Einsatzfreude oder Zuverlässigkeit. Diese Aufzählung spiegelt aus meiner Erfahrung jedoch meist nur einen kleinen Teil des Wesenskerns einer hochsensiblen Persönlichkeit wider und niemals das gesamte Spektrum. Es lohnt sich, in die Tiefe zu gehen: Setz dich doch an einem ruhigen Abend mal gemütlich hin und frag dich selbst, was deine wahren Werte sind. Was würdest du, wenn irgend möglich, niemals aufgeben?

DU BIST WERT-VOLL

Die Empfehlung, sich abzuhärten, die manche Hochsensible immer wieder ungefragt erhalten, führt zu nichts. Es macht keinen Sinn, sich noch vielfältigeren, zahlreicheren oder stärkeren Reizen auszusetzen, um sich zu desensibilisieren. Das bringt einen sehr empfindsamen Menschen höchstens an den Rand der Erschöpfung.

Aber: Das Gute ist, dass hochsensible Menschen das beste Rüstzeug schon mitbringen, um sich aus dieser Einbahnstraße an den Rand der eigenen Kräfte wieder herauszumanövrieren. Sie haben ihre feinen Antennen, ein gutes Gehör und als treuesten Verbündeten oft einen sensiblen Körper, der wie ein Seismograf funktioniert. Sie müssen nur lernen, auf ihn zu hören und zu deuten, was er ihnen mitzuteilen hat. Dafür braucht es nicht viel: Pausen, um in sich hineinzuhorchen, Mitgefühl, um wahrzunehmen, was sich innen und außen tut, und Geduld, wenn es seine Zeit braucht, bei sich anzukommen.

Auf diesem Weg können Hochsensible lernen, zu ihrer Besonderheit zu stehen. Wie wäre es, wenn du sie künftig als Wert und als Gabe ansiehst? Als etwas, das dir wichtig ist, wofür du dankbar bist und das du unter keinen Umständen missen möchtest?

Werte sind wertvoll

Es gibt sicher viele Dinge in deinem Leben, die dir wertvoll und wichtig sind. Es gibt bestimmt auch Verhaltensweisen, auf die du bei dir selbst und anderen Menschen Wert legst. Ehrlichkeit vielleicht oder Offenheit oder Freundschaft. Auch wenn Werte altmodisch erscheinen: Ohne sie würde die Welt sehr viel schlimmer aussehen. Wer seine Werte nicht kennt, weiß nicht, was ihn glücklich oder zufrieden macht, ihn ins oder aus dem Gleichgewicht bringt. Wer seine Werte kennt, weiß, was er tun

wird, wohin er gehen wird, welche Ziele er wählen wird. Er kann alles so einrichten, dass sein Leben einen Sinn erhält, dass er sich erfüllt und im inneren Gleichgewicht fühlt.
Kennst du deine Werte? Werte sind das, was am wichtigsten für dich persönlich ist. Das, worauf du auf keinen Fall verzichten möchtest, deine Prinzipien, das, was dir am meisten Zufriedenheit bringt im Beruf, in der Beziehung, in Freundschaften, im Leben allgemein.

HOCHSENSIBLE MULTITALENTIERTE

Die feinen Sensoren hochsensibler Menschen führen oft dazu, dass sie eine ganz besonders vielfältige Begabung entwickeln. Ausgeprägte Neugier auf viele Themen, das ist ein Wesenszug der Vielbegabung. Kennst du das? Ein unbändiges Interesse an einer Vielzahl von Dingen, die keine Logik dahinter erkennen lässt. Außerdem würdest du dich am liebsten mit all deinen Ideen sofort und gleichzeitig beschäftigen. Wenn dafür nur genügend Zeit wäre!
Die heutige Gesellschaft allerdings sieht dieses Thema ganz anders. Sie lebt von

NICHT ALLEIN DAMIT SEIN

Bernd, 36, war schon immer chronisch neugierig und hatte viele Interessen. Leider hatte er als Kind zu oft gehört, er sei wankelmütig und flatterhaft. So sank sein Selbstwert mit der Zeit immer mehr in den Keller. Außerdem hatte er seiner Vielbegabung keinen Wert beigemessen. Er war enorm kreativ, hatte viele Begabungen als Künstler und verdiente sein Brot als Computerspezialist. Seine feinen Antennen nutzte er, um die bunten Eindrücke seines Umfeldes aufzunehmen und dann als Bild, Skulptur oder in Texten darzustellen. Er wusste »irgendwie schon immer«, dass er hochsensibel ist. Dass er dem nun eine Bezeichnung geben konnte und wusste, damit nicht allein zu sein, schenkte ihm den Mut, zu sich zu stehen. Er gewann das Vertrauen in sich selbst zurück.

Spezialisierung, Expertentum und Zielorientierung. Bereits in Schule und Studium wird den Vielbegabten der übersprudelnde Geist aberzogen. Es wird ihnen beigebracht, dass es nur Experten weit bringen können, und Vielfalt wird mit Sprunghaftigkeit oder Oberflächlichkeit gleichgesetzt.

Tausend Möglichkeiten

Sensible Vielbegabte erfahren also schon ab frühester Kindheit tendenziell Ablehnung und Unverständnis für ihre besondere Lust an der Vielfalt. Das führt dazu, dass sie sich oft falsch fühlen, meinen, sich ändern zu müssen, und verzweifelt nach dem einen Ziel suchen, das ihren Hunger nach Abwechslung und Vielfalt stillt. Doch diese Suche ist zum Scheitern verurteilt. Vielbegabte können nicht glücklich sein, wenn sie sich beschränken.

Vielbegabte Hochsensible haben es oft nicht leicht, ihre inneren Bedürfnisse in einem gesunden Maß auszuleben. Die Vielfalt an Ideen führt mitunter dazu, dass sie nicht mehr wissen, wo oben und unten ist, und schlussendlich nur noch eines klar sagen können: dass sie keine Erfüllung finden, solange sie nicht wissen, wohin ihr Weg führen soll. Es ist für sie einfach wichtig, sich nicht nur auf eine Sache zu konzentrieren, sondern Wege zu finden, wie sie mit ihren vielfältigen Interessen und Vorlieben gekonnt jonglieren können.

GEGEN DIE KASTRATION DER VIELFALT

Die »ganz normale« Umwelt zeigt wenig Verständnis für den vielfältigen Geistesreichtum von Vielbegabten. Ratschläge wie: »Tanz doch nicht auf so vielen Hochzeiten« führen nur dazu, dass sich diese Menschen verkehrt fühlen. Hör nicht auf solche Sätze! Wehr dich gegen die Einschränkungen und finde immer neu Wege, das auszuleben, was in dir steckt.

ÜBUNG

ICH DARF MEINE SENSIBLE VIELFALT LEBEN!

Meist versuchen die Mitmenschen, Vielbegabte dazu zu motivieren, sich auf ein oder höchstens zwei Themen zu fokussieren und alles andere links liegen zu lassen. Das allerdings ist kein so guter Rat, es hemmt die Vielfalt an Interessen, die alle gelebt werden wollen. Es tut Vielbegabten nicht gut, sich zu beschränken. Sie brauchen einen anderen Weg, um erfüllt zu leben. Für einen kraftvollen Anfang kannst du dir so helfen:

- Liste die Sätze, die du oft zu hören bekommst und die dich ärgern, erst einmal auf. »Tanz doch nicht immer auf mehreren Hochzeiten!« »Du wirst nur etwas zu Ende bekommen, wenn du dich ganz und gar darauf konzentrierst.« »Sei doch nicht so sprunghaft!« »Leg dich doch einfach mal auf etwas fest, oder bist du dazu etwa wirklich nicht in der Lage?«
- Nun geht es darum, etwas grundlegend zu verändern, und zwar in deiner Wahrnehmung dieser Aussagen. Wandle diese Sätze deshalb jetzt in ihr Gegenteil um und finde außerdem sinnverwandte Aussagen, die dich stärken und freuen. Zum Beispiel: »Ich freue mich an meinen vielen Interessen.« »Lieber Vielfalt als Einfalt!« »Ich bin eine Meisterin der Vielfalt!« »Ich darf meine vielfältigen Interessen ausleben und bin darin erfolgreich.«
- Schreib deine neuen Aussagen auf Post-its und kleb sie dir dahin, wo du sie mehrmals täglich siehst: an den Spiegel im Badezimmer, an den Monitor auf dem Schreibtisch, in die Geldtasche. Das häufige Lesen überspielt die alten Einstellungen. Bald wirst du merken, wie sich die neuen Worte verinnerlichen. Sie werden zu deinen Werten und machen dir Mut.

DIE SCHULUNG DER SINNE

Hast du Lust, deine vertrauten Denk- und Verhaltensmuster zu hinterfragen und dich auf Neues einzulassen? Prima. Dann folgt hier Teil zwei deines persönlichen Programms, mit dem du deine Hochsensibilität zu deinem Besten veredeln lernst.

DIE SINNE DIFFERENZIEREN

Kennst du die Formulierung »alle sieben Sinne beisammenhaben«? Und hast du dich schon mal gefragt, welche sieben Sinne dabei gemeint sein könnten? Aristoteles beschrieb fünf Sinne: Riechen, Schmecken, Fühlen, Tasten und Hören. Der Ausdruck »sechster Sinn« wird verwendet, wenn jemand etwas bemerkt, ohne es auf die fünf Sinnesorgane beziehen zu können. Der »siebte Sinn« wird als Ausdruck des Unbewussten oder der Intuition verstanden. Hochsensible aber nehmen noch viel mehr wahr: die Gefühle von anderen. Harmonie oder Disharmonie im Raum. Energieflüsse. Die Ausstrahlung von Menschen oder Orten. Diffuse Reaktionen auf äußere Einflüsse. Welche Sinne sind dafür verantwortlich?

FÜR HOCHSENSIBLE REICHEN NICHT MAL SIEBEN SINNE

Bereits 1916 hat Rudolf Steiner, der Begründer der Anthroposophie, seine Lehre von den zwölf menschlichen Sinnen bekannt gemacht. Neben den klassischen fünf Sinnen beschrieb er darin weitere sieben. Mit ihnen werden sämtliche Wahrnehmungen, zu denen Menschen fähig sind, abgebildet. Alle zu-

ZWÖLF REICHE ENTDECKUNGEN

Zu jedem der zwölf Sinne findest du im Folgenden Infos zu Bedeutung und Auswirkung. Mit einfachen, aber intensiven Übungen hast du dann die Gelegenheit, den jeweiligen Sinn zu erfahren, zu stärken und dich mit ihm anzufreunden. Je mehr du praktizierst, deine Sinne ganz bewusst veredelst und zu einem noch feineren Instrument machst, umso mehr wirst du deine Hochsensibilität als etwas sehr Hilfreiches im Leben entfalten können.

sätzlichen sieben Sinne sind genauso gültig für unser vollständiges Menschsein, wie es die fünf sind, die alle kennen. Steiner fasste die zwölf Sinne in drei Vierergruppen zusammen. Die vier Basissinne der ersten Gruppe, die »Körpersinne«, beziehen sich unmittelbar auf die Wahrnehmungs- und Erfahrungswelt des eigenen Körpers. Dabei sind diese Sinneserfahrungen vollkommen subjektiv. Körpersinne stehen in direktem Bezug zum Organismus.

Das Fühlen von mir und der Welt

Die vier mittleren Sinne werden »Umgebungssinne« genannt. Sie beziehen sich auf die Außenwelt, auch wenn ihre Wahrnehmung stark mit dem eigenen Erleben gekoppelt ist. Die Umgebungssinne sind in ihren Wahrnehmungen ein Mittelding zwischen Körper- und Geistessinnen. Sie verbinden subjektive und objektive Wahrnehmungen.

Das Bewusstsein von mir, dir und der Verbundenheit mit allem

Auch die vier weiteren Sinne können als eine Gruppe zusammengefasst werden. Sie haben eine gewisse Verwandtschaft mit dem Denken, dem Bewusstsein und dem Prozess der Erkenntnisgewinnung. Ihre Wahrnehmungen beziehen sich ausdrücklich auf Nichtstoffliches. Es sind die vier »Geistessinne«, die eine Beziehung zum Nerven-Sinnes-System des Menschen haben.

»Drei Schritte tue nach innen, dann den nach außen.«

RUDOLF STEINER

Wer seine Sinne und ihre unterschiedlichen Wahrnehmungsebenen kennt, wird lernen können, sie wie feine Werkzeuge anzuwenden. Mit geschärften Sinnen gelingt es leichter, sie gut zu dosieren und mit ihnen eine hohe Lebensqualität zu erreichen: zuerst zum Wohl und Nutzen des eigenen Lebens, dann aber auch für alles Umgebende. Menschen, Tiere, Natur, das private und berufliche Umfeld können durch die Besonderheiten und Fähigkeiten hochsensibler Menschen eine wahre Bereicherung erleben. Gerade im beruflichen Bereich warten da noch viele positive Überraschungen auf uns alle.

GEISTESSINNE
Gedankensinn
Hörsinn
Sprach- und Wortsinn
Ich- und Du-Sinn

Sehsinn
Geruchssinn
Geschmackssinn
Wärmesinn

UMGEBUNGSSINNE

Gleichgewichtssinn
Tastsinn
Lebens- und Vitalsinn
Bewegungssinn

KÖRPERSINNE

SINNLICHKEIT MIT SYSTEM

Die zwölf Sinne sind ein sehr sinn-volles System, gegliedert in drei Gruppen: Geistes-, Umgebungs- und Körpersinne.

GEFÜHL ODER EMOTION?

Gefühl und Emotion sind zwei Begriffe, die oft gleichbedeutend verwendet werden. Doch sie meinen nicht dasselbe. Emotion ist eine Bewertung dessen, was gefühlt wurde. Zum Beispiel: »Mein Tee ist heiß« beschreibt ein Gefühl. »Das ist mir angenehm« eine Emotion.

Gefühl ist das, was über die Sinnesorgane an Impulsen und Empfindungen ins Bewusstsein kommt. Da ist Wärme; da ist Kälte; da ist Hunger; da ist Angst. Ein Gefühl ist ohne Bewertung. Es wird einfach festgestellt, was da ist, ohne Urteil darüber, ob das gut oder schlecht, angenehm oder unangenehm ist. Es ist einfach so. Punkt. Emotion hingegen ist die Bewertung und persönliche Einschätzung eines Gefühls. Die emotionale Bewertung steht nicht direkt mit der Sache selbst in Verbindung, sondern mit dem, wie der Mensch die Sache beurteilt. Der Tee ist heiß – das ist eine Tatsache. Aber nicht alle mögen heißen Tee und natürlich auch nicht immer.

Diese Unterscheidung von Gefühl und Emotion lässt sich nicht nur auf physische Wahrnehmungen anwenden, sondern ebenso auf seelische, auf die Wahrnehmung von Interaktionen zwischen Menschen oder auf das Bemerken von Stimmungen und Atmosphären in einem Raum oder an einem Ort.

Vom Einfachen zum Feinsten

Stell dir vor, deine zwölf Sinne sind Handwerkszeuge, die du für ein gesundes und glückliches Leben brauchst. Es ist klar: Je besser du diese Werkzeuge beherrschst, umso virtuoser wirst du sie einsetzen können. Reizüberflutung, Stressanfälligkeit und innere Unzufriedenheit werden dann automatisch weniger. Geschult werden können alle zwölf Sinne. Und ohne eine gesunde Entwicklung der Basissinne ist eine volle Entfaltung der »höheren« Sinne ohnehin nicht möglich.

Bei den einzelnen Übungen wirst du sehen, wie stark die Sinneswahrnehmungen sowohl mit körperlichen als auch seelischen und mentalen Reaktionen verbunden sind. Jede Erfahrung über die Sinne hat spezielle Auswirkungen in allen Bereichen des Seins. Das Schöne daran ist, dass Sinneswahrnehmungen immer auf allen Ebenen wirken.

Das bedeutet, dass wir ganz leicht durch eine sinnliche Übung, die beispielsweise scheinbar nur körperliche Dimensionen hat, auch positive Auswirkungen auf der Gefühlsebene und beim Seelenfrieden erreichen können und dazu vielleicht noch einen Erkenntnisgewinn. Diese Wechselwirkungen funktionieren ganz hervorragend und sind in vielen Coachingprozessen mit hochsensiblen Menschen erprobt.

BIST DU STARTKLAR?

Wie jedes Übungsprogramm, so lebt auch die Sinnesschulung von Konsequenz und Regelmäßigkeit. So wie du Schwimmen oder Radfahren gelernt hast, funktioniert es auch hier: üben, ausprobieren, spielerisch damit umgehen. Mach dir daraus keinen Zwang und setz dich nicht unter Druck. Du kannst die Übungen dieses Buches immer wieder nach Gefühl auswählen und durchführen, wie es für dich passend ist. Vertrau deiner Intuition.

DEIN SEELENBUCH

Hast du schon begonnen, ein Tagebuch zu führen, in dem du deine Erfahrungen mit der Hochsensibilität sammelst? Gestalt dir doch ein wunderschönes Übungsbuch und notier täglich abends oder morgens, was dir durch Körper, Seele und Geist mitgeteilt wurde. Wenn du lieber tippst, dann leg dir ein virtuelles Tagebuch an. Schon das Aufschreiben selbst dient deiner Entfaltung und macht dir vieles stärker bewusst.

STEH ZU DEINEN BEDÜRFNISSEN

Empfindsame Naturen sorgen oft deutlich besser für andere als für sich. Sie übersehen, dass sie neben dem Wunsch nach »guter Stimmung« auch eigene Bedürfnisse haben.

Selbstverleugnung frisst viel Energie, vor allem wenn sie nicht auf einen bewussten Verzicht zurückgeht, sondern auf die heimliche Annahme, dass der andere genauso empfindsam um die Bedürfnisse des Gegenübers bemüht sein wird wie umgekehrt. Diese Rechnung mag dann aufgehen, wenn sich zwei sehr empfindsame Menschen begegnen – aber auch hier wird es erforderlich sein, sich über Vorlieben und Eigenarten auszutauschen.

Hochsensible igeln sich gerade bei wichtigen Beziehungen oft tief in der eigenen Komfortzone ein. Doch wer seine Grenzen so weit in sich zurückzieht, dass sie nach außen nicht mehr sichtbar sind, läuft Gefahr, dass sie nicht erkannt werden. Sag deutlich Stopp, wenn es wichtig für dich ist! Auch das gelingt dir naturgemäß umso besser, je genauer du deine zwölf Sinne kennst und trainiert hast.

Auch die Intuition wird geschult

Unter Intuition verstehen wir Ideen, die ohne Nachdenken zustande kommen. Intuitive Gedankenblitze lassen sich nicht rational erklären. Sie sind »einfach da«, ohne dass man ihre Entstehung oder Herkunft begründen könnte. Intuitive Wahrnehmung tritt oft dann auf, wenn jemand in einer Tätigkeit völlig aufgeht, wenn er diese Tätigkeit »ist«, wenn »es fließt«. Hochsensible kennen das meist sehr gut. Ein wirkungsvolles Training der Intuition bedeutet in erster Linie, sich selbst in den Zustand eines »reinen Bewusstseins« bringen zu können. Intuition ist letztendlich die Grundlage für Kreativität und für neue Erfindungen.

Veränderung sichtbar machen

Sicher willst du in ein paar Wochen oder Monaten wissen, wie viel sich verändert hat. Mach dafür jetzt eine einfache Bestandsaufnahme: Zu Beginn deiner Beschäftigung mit deinen sinnlichen Empfindungen notierst du, wie die Ausgangssituation ist. Wie erlebst du dich und welche Auswirkungen haben deine Wahrnehmungen auf dein Leben?

Schreib auf, welche Sinne du immer wieder intensiv bemerkst: als Wohlgefühl, als Irritation, als neutrale Wahrnehmung. Vielleicht hast du schon besondere Gaben in deiner sinnlichen Wahrnehmung entdeckt, vielleicht kennst du die Störfaktoren auch ganz genau. Schreib all das auf. Die Übung zum Stand der Dinge hilft dir dabei und gibt dir ein paar Anregungen.

ÜBUNG

DER STAND DER DINGE

Auf den Seiten 52 und 53 hast du eine Übersicht über die zwölf Sinne und die Ebenen gefunden, auf denen sie wirken. Empfinde jetzt einmal nach, ganz intuitiv und ohne irgendwelche Definitionen zu beachten:

- Was nehme ich typischerweise wahr? Und auf welche Weise?
- Welche Sinne könnte ich als meine Freunde bezeichnen?
- Welche erlebe ich als Belastung?
- Was fühle ich häufig in mir: in meinem Körper, in meiner Seele?
- Was nehme ich aus anderen Dimensionen wahr und was in meinem ganz gewöhnlichen Alltag?

Nimm dir Zeit für diese Fragen, gönn dir deine auf dich selbst gerichtete Aufmerksamkeit. Und werte nicht, werte dich vor allem nicht ab. Beschreib nur, was gegenwärtig da ist. Das ist die Ausgangssituation.

DIE KÖRPERSINNE

Mit den vier Basissinnen nehmen wir auf vierfach verschiedene Weise die Welt und unsere eigene Körperlichkeit wahr. Die Sinneswahrnehmungen beschränken sich nämlich keineswegs nur auf von außen kommende Reize.

1. DER TASTSINN

Das physische Organ des Tastsinns sind die Tastrezeptoren der Haut. Dieser Sinn vermittelt uns durch Berührungen unser inneres Selbsterleben an der Körpergrenze. Durch zärtlichen Körperkontakt werden damit Wohlgefühl und Geborgenheit ausgelöst. Als kindliche Erfahrung entwickelt sich so Urvertrauen. Mit dem Tastsinn lernt der Mensch: Loslassen zu können ist genauso wichtig wie auf den Arm genommen zu werden. Was diesen Sinn stört, sind Berührungen ohne Respekt vor der seelisch-leiblichen Integrität des Menschen, ebenso wenn man alleingelassen wird oder Überfürsorge ohne echte innere Annahme des anderen erfährt. All diese Aspekte lassen sich sowohl auf kindliches Erleben als auch auf (Liebes-)Beziehungen Erwachsener übertragen. Die Hautfläche als Wahrnehmungsorgan des Tastsinns ist das größte Erlebnisfeld des Menschen.

Das Gefühl, hautlos zu sein

Wer ein feines Gehör hat, wem Düfte nicht nur bis in die Nase, sondern gleich bis in den Hirnstamm steigen, wer von seelischem oder körperlichem Schmerz bis ins Mark verletzt werden kann, der fühlt sich oft, als habe er keine Haut, die ihn vom wilden Fluss des Lebens ausreichend abschirmen kann.

Für Hochsensible ist es in engen Beziehungen oder Partnerschaften oft schwer, bei sich zu bleiben und zu sortieren, welche der vielen spürbaren Empfindungen ihre ureigenen sind und welche zu ihren Lieblingsmenschen gehören – und welche Schwingungen noch »im Raum« sind. Jede Begegnung mit Menschen ist für sie wie ein vielstimmiges Konzert aus lauter Sinneseindrücken, die andere Menschen kaum wahrnehmen, weil sie über stärkere Filtermechanismen verfügen.

Innen und außen

Du kennst sicher die Bilder, bei denen man je nach Blickeinstellung und Fokus mehrere Bildinhalte erkennen kann. Diese Rätsel- oder Suchbilder heißen Vexierbilder. Sie locken immer wieder auf neue, falsche Fährten: Kaum ist eine Szene erfasst, entgleitet sie beim nächsten Wimpernschlag dem Auge und die Szenerie ist verwandelt.

Das übertragen wir jetzt auf das Empfinden mit dem Tastsinn. Wenn du etwas betastest, dann nimmst du nicht den Gegenstand, sondern eine Veränderung an deiner Haut wahr. Dieses Nach-innen-Wahrnehmen eines am äußeren Körperrand befindlichen Gegenstands ermöglicht es dir, mit dem Fokus zu spielen und so beide Wahrnehmungsintensitäten zu vergrößern.

IMMER NUR DU SELBST

Obwohl der Mensch durch Berührungen die Umgebung wahrnimmt, nimmt er dennoch ausschließlich sich selbst über seinen Tastsinn wahr: Die Veränderungen der Umgebung, gefühlte Dinge und so weiter bewirken eine Veränderung an den Rezeptoren seiner Haut. Der Mensch fühlt also nicht die betastete Fläche, sondern sich selbst an der Grenze zwischen seiner Haut und dem berührten Objekt oder Menschen. Dennoch kann er dabei unterschiedliche Materialien, Temperaturen und anderes sehr fein unterscheiden.

ÜBUNG

VEXIERBILD

- Nimm eine Tomate, Kartoffel, Orange oder Banane locker in die Hand – was du gerade greifbar hast. Nun betaste den Gegenstand sehr langsam und gründlich und versuch, das Gefühl an deinen Fingern, Fingerspitzen, Daumen und Handrücken sehr genau zu erfassen. Nimm die Innenseite deiner Hand und die Außenseite wahr. Roll den Gegenstand auch einmal am Arm hinauf und hinunter.
- Jetzt schließ die Augen und wiederhol die Erkundungen inklusive der Fokussierung auf deine Haut. Was verändert sich, wenn du den Sehsinn ausschaltest?
- Wechsle nach einer Zeit auch mal das Objekt: Vielleicht versuchst du eine Haarbürste, einen Stein, ein Kuscheltier ...
- Notier all deine Empfindungen, Gefühle und Gedanken dabei.

Sich selbst annehmen

Viele Menschen stellen sich früher oder später die Frage nach dem eigenen Wert. Es gibt unterschiedliche Namen dafür. Die Psychologie spricht von Selbstwert oder Selbstkonzept, in der Philosophie spricht man von Selbstannahme oder Selbstliebe. Doch egal, wie man es nennt: Es scheint für Menschen wichtig zu sein, wie sie über sich denken und welchen Wert sie sich zuschreiben, auch wenn es dabei kulturelle oder sogar regionale Unterschiede gibt.

Menschen, die kein starkes Selbstwertgefühl haben, die sich nicht annehmen, haben es in einer immer komplexeren und komplizierteren Welt schwerer. Angesichts der so rasanten Veränderungen, die bezeichnend für unser heutiges Leben sind, ist es gefährlich, wenn wir nicht wissen, wer wir sind, oder uns nicht selbst vertrauen.

Die frühesten Erfahrungen

Die Notwendigkeit zur Selbstannahme ergibt sich aus der ersten Trennungserfahrung des Menschen: seiner Geburt. Die nachfolgenden Reaktionen der Mutter oder anderer Bezugspersonen auf sein Schreien legen den Grundstein für das Selbstvertrauen. Das Baby schreit keineswegs immer aus Hunger oder weil die Windeln voll sind. Nein, manchmal möchte es einfach nur auf den Arm genommen werden und so sicher sein können, dass die Mutter immer noch da ist. Legt es die Mutter dann an die Brust und stellt wieder eine enge Verbindung her, ist das Baby mit sich und der Welt zufrieden.

Hier wird klar, wie früh die Weichen für eine vertrauensvolle Selbstannahme gestellt werden, da zu diesem Zeitpunkt Selbstannahme und Annahme durch die Mutter noch stark miteinander verwoben sind. Je stimmiger die Mutter in der Lage ist, die Bedürfnisse ihres Kindes wahrzunehmen und darauf zu antworten, desto sicherer wird das Kind in seiner eigenen Selbstwahrnehmung und seinem Selbstwertgefühl.

Für eine positive Entwicklung im Sinne einer wachsenden Selbstannahmefähigkeit ist eine immer größere Unabhängigkeit von der Anerkennung durch andere Menschen notwendig. Also lautet die Übung: Gib dir selbst in reichem Maße Anerkennung und Lob.

ÜBUNG

FEENKREIS STATT TEUFELSKREIS

- Schreib jeden Tag in dein Tagebuch, was du heute toll gemacht hast, wobei du dich wohlgefühlt hast, was dir gut gelungen ist, wobei du dich erfolgreich, attraktiv, zufrieden, glücklich gefühlt hast.
- Schreib jeden Tag ein Lob für deine Existenz auf. Wirklich jeden. Du wirst mit der Zeit die positive Auswirkung dieser Übung spüren: Du legst viel weniger Wert auf Anerkennung und Lob durch andere und wirst so stabiler und selbstbewusster in deiner Ausstrahlung. Und nun beginnt die Wechselwirkung. Andere nehmen dich positiv verändert wahr und reagieren ebenfalls positiver auf dich. So ein Kreislauf ist schön. Genauso wie die Teufelskreise gibt es auch diese wunderbaren Feenkreise.

DAS RESONANZPRINZIP

Die Quantenphysik versucht uns seit einigen Jahren deutlich zu machen, dass die »Wirklichkeit«, wie wir sie kennen und sehen, nur ein kleiner Ausschnitt des wirklich Existierenden ist. Dahinter folgen viele Mechanismen und Prozesse den physikalischen Gesetzen, so auch dem Gesetz der Anziehung: Was in deiner inneren Welt vorherrscht, wird sich auch in deiner äußeren Welt manifestieren. Wir wollen dieses Gesetz oft nicht wahrhaben, weil es unbequem ist: Wir müssen uns eingestehen, dass wir selbst, mit unserer Einstellung und unserem Selbstbild, alle Situationen in unserem Leben mit verursachen.

Wenn wir selbstreflektiert durchs Leben gehen, werden wir immer häufiger zu der Erkenntnis gelangen, wie sehr uns unsere innere Einstellung, unser Bild von uns und all unsere selbst gebastelten Überzeugungen behindern. In Wirklichkeit stehen wir immer vor grenzenlosen Möglichkeiten – wir müssen sie nur nutzen. Was wir in uns tragen, wird uns immer auch im Außen begegnen. Also können wir die Wirklichkeit tatsächlich verändern und unser Schicksal grundlegend beeinflussen. Dazu ist keine außerordentliche Fähigkeit oder Begabung notwendig. Lediglich offene Augen und ein offenes Herz!

2. DER GLEICHGEWICHTSSINN

Der physische Sitz des Gleichgewichtssinns sind das Vestibularorgan im Innenohr und das Gleichgewichtszentrum im Kleinhirn. Dieser Sinn dient zur Feststellung der Körperhaltung und zur Orientierung im Raum. Sicherheit im Raum führt zu Ausgeglichenheit, dem Finden von Ruhepunkten und bildet die Grundlage für ein stabiles Selbstvertrauen, das innere Gleichgewicht. Bewegungsarmut kann somit zu innerer Unruhe und Rastlosigkeit, Depression, Resignation und innerer Zerrissenheit führen. Wenn ein Mensch »den Boden unter den Füßen verliert«, ist das ein Hinweis auf ein seelisches Ungleichgewicht, was einen Zusammenhang von Gleichgewichtssinn und seelischer Verfassung andeutet.

Der Körper als Spiegel der Seele

Wir können das seelische Wohlempfinden sehr gut über den Körper steuern und verbessern. Zwischenmenschliche Kommunikation beispielsweise spielt sich zum größten Teil auf der nonverbalen Ebene über das Körperverhalten und die Körpersprache ab. Es werden Signale durch Mimik, Gestik, Haltung und Blickkontakt ausgesendet. Die Körpersprache offenbart einem geübten Beobachter auch den inneren Zustand seines jeweiligen Gegenübers.

Weitere Aspekte der Körpersprache wie Distanz, Kleidung oder auch Stimmmelodie geben zusätzlich reichhaltige Informationen über einen Menschen weiter. Am Klang der Stimme lässt sich Unsicherheit oder Begeisterung erkennen. Der Umgang mit Raum ist signifikant für das individuelle Sich-Raum-Nehmen. Und die Auswahl der Kleidung ist ein Spiegel des Selbstbildes und der Selbstpräsentation.

Körpersprache: keine Einbahnstraße

Sie wirkt nicht nur nach außen, sondern hat auch eine deutliche Wirkung auf uns ganz persönlich. In emotionspsychologischen Forschungen wurde untersucht, welche Wirkung Mimik und Körperhaltung auf das Empfinden haben. Menschen mit einem aufrechten Gang fühlten sich demnach in hohem Maße selbstsicherer, stolzer, optimistischer, offener und fröhlicher als Personen in einer gebeugten Körperhaltung. Das emotionale Empfinden wirkte sich auch positiv auf die Kommunikation mit anderen aus. Hier liegt auf der Hand, was als Nächstes kommt: eine Übung zu Gang, Haltung und »Aufrichtigkeit«. Sehr gut zur Selbststärkung durch das eigene Körperverhalten.

Du selbst bestimmst, welchen Eindruck du über deine Körpersignale wie Mimik, Gestik, Blickverhalten, Haltung und Raumverhalten auf andere machst.

ÜBUNG

EINE KÖNIGLICHE HALTUNG

Selbstbewusste Persönlichkeiten gehen selbstbewusst. Ein solcher Gang lässt umgekehrt das Selbstwertgefühl unmittelbar steigen. Und er lässt sich mit der Zeit erlernen. Übe am besten immer wieder vor dem Spiegel. Vier Punkte sind wichtig:

- Kopf: Wohin schaust du? Nach oben, nach vorn oder nach unten? Schüchterne Menschen schauen meist nach unten auf ihre Füße. Sobald du den Kopf so weit anhebst, dass du deine Füße nicht mehr siehst und trotzdem alles im Blick hast, hast du eine gute Kopfstellung.
- Schultern: Schieb deine Schultern nach hinten und deine Brust nach vorn. Brust raus, Bauch rein! Das kannst du überall, auch am Schreibtisch üben. Die korrekte Stellung ist nicht nur wichtig, um selbstbewusster zu gehen, sie wirkt auch beim Sitzen stärkend auf Körper und Psyche.
- Hüfte: Dreh- und Angelpunkt für ein standfestes Auftreten und den aufrechten Gang sind deine Hüften. Nutze zum Üben die sogenannte Militärstellung, die du vielleicht aus dem Film kennst: Leg im Stehen deine Hände hinter dem Rücken übereinander. Damit schiebst du automatisch die Schultern nach hinten, die Brust nach vorn und die Hüften in eine stabile Position. Wie fühlt sich das an?
- Füße: Die optimale Fußstellung, um selbstbewusst zu gehen, ist die parallele Position mit einer leichten Neigung nach außen. Am besten ist es, wenn deine Füße beim Gehen ungefähr so weit auseinander sind wie deine Schultern. Das verleiht zusätzliche Stabilität, die du auch gleich nach außen ausstrahlst. Achte außerdem darauf, ob du die Füße genug anhebst, wenn du gehst, denn Schlurfen verdirbt dir den Auftritt.

Das innere Gleichgewicht finden

Wenn wir seelisch und körperlich gesund sind, dann herrscht in unserem Körper ein inneres Gleichgewicht. Diese innere Harmonie ist jedoch sehr empfindlich. Durch negative Erfahrungen und Rückmeldungen, Gedanken und Gefühle kann sie schnell verschwinden. Jeder Organismus leitet dann Gegenmaßnahmen ein, die das Gleichgewicht wiederherstellen sollen. Je reaktionsfähiger ein Mensch ist, und zwar geistig und körperlich, umso eher wird er wieder in Balance kommen.

Wir können diesen Regulierungsmechanismus über den Körper trainieren: durch einfache, regelmäßig durchgeführte Gleichgewichtsübungen. Hier findest du eine ganze Liste an Anstößen für dein körperliches Gleichgewicht. Vergiss nicht: Alles wirkt in alle Richtungen, nach innen ebenso wie nach außen. Wichtig ist die Intensität der Praxis: Du solltest die Übungen als so schwierig empfinden, dass du an die Grenzen deiner Stabilität gelangst. Variiere die Angebote immer so, dass du sie als schwierig empfindest. Übe mal mit Schuhen, mal barfuß und spür den Unterschied. Denk dir gern auch eigene Steigerungen aus, wenn dir die Vorschläge zu leicht erscheinen oder nach einer Zeit zu leicht geworden sind.

MEHR BALANCE IM LEBEN

- Auf einem Bein stehen.
- Die Füße abwechselnd leicht vom Boden abheben.
- Die Beine abwechselnd anheben.
- Einmal rechtsherum drehen. Dann einmal linksherum drehen.
- Mit geschlossenen Augen ein Stück durch den Raum gehen.
- Auf oder neben einer Linie gehen.
- Die Knie beim Gehen stark anheben.
- Die Fersen beim Gehen in Richtung Po hochziehen.
- Gehen und mit den Armen kreisen.
- Gehen und klatschen.
- Rückwärtsgehen.
- Im Sitzen: Augen schließen und beide Beine nach vorn strecken.
- Aufstehen und wieder hinsetzen (zur Steigerung: Augen zu).
- Die Augen erst nach oben und unten, dann nach rechts und links bewegen.

Meditation ist Gesundheit

Meditieren heißt eigentlich »nachsinnen«, »überlegen«. Es ist eine in vielen Kulturen ausgeübte spirituelle Praxis. Durch die Achtsamkeits- oder Konzentrationsübungen kann sich der Geist beruhigen und sammeln. In östlichen Kulturen gilt Meditation als eine zentrale bewusstseinserweiternde Übung. Die angestrebten Bewusstseinszustände werden oft mit Begriffen wie »Stille«, »Leere«, »Einssein« oder »im Hier und Jetzt sein« beschrieben.

Auch heute ist Meditation von großer Aktualität. Ein Grund hierfür liegt darin, dass wir uns im Alltag sehr oft in geistiger Rastlosigkeit, ständiger Unruhe und Zerstreutheit oder auch in angestrengter Konzentration verlieren. Diese geistige Aktivität bedeutet eine Bewusstseinseinengung. Im Unterschied hierzu ist die in der Meditation eingeübte Qualität von Aufmerksamkeit weder angestrengt noch zerstreut. Ziel ist es, die ungünstigen Geistesgewohnheiten zu verlassen. So kann man nach und nach einen ruhigen, wachen und klaren geistigen Zustand finden. Meditation kann daher auch als »Sammlung in Stille« oder als die »Kunst des Verweilens in Stille« bezeichnet werden.

Der Königsweg zum Gleichgewicht

Unser inneres Gleichgewicht ist heute argen Belastungen ausgesetzt. Hektik, Stress und der normale Alltagswahnsinn bringen uns leicht aus der Spur. Gelassenheit ist in solchen Momenten leider oftmals ein Fremdwort. Sind wir einmal aus der Balance geraten, ist es meist schwierig, das innere Gleichgewicht wiederzufinden. Wichtig ist dann vor allem, sich nicht mit Dingen aufzuhalten, die man eh nicht ändern kann. Wenn du nach innerem Gleichgewicht strebst, versöhn dich mit Unabänderlichem. Die Dinge geschehen, wie sie geschehen. Lass es einfach zu.

Tägliche Meditation ist eine wunderbare Übung, um das innere Gleichgewicht immer wieder zurückzuerlangen und mit der Zeit zu stabilisieren. Meditierst du regelmäßig, beruhigt das deinen Geist und führt dazu, dass immer öfter innere Stille einkehrt.

Es gibt unendlich viele Formen von Meditation. Eine einfache Entspannungsmeditation hast du bereits auf Seite 41 kennengelernt. Die hier folgende ist eine reine Achtsamkeitsmeditation, im Zen-Buddhismus wird sie auch bloß »Sitzen« genannt. Nutze sie, so oft es geht. Am besten täglich. Beginn aber nicht gleich mit einer Stunde, sondern mit zehn Minuten, wenn du noch keine Meditationserfahrung hast. Verlänger die täglichen Meditationsphasen nach und nach und such deine Mitte, den Ort des inneren Friedens. Inneres Gleichgewicht findet man, indem man lernt, mit sich selbst und mit der Welt in Akzeptanz und Frieden zu leben. Du kannst den Lauf der Welt nicht ändern. Aber deine Haltung dazu.

ÜBUNG

»SITZEN« FÜR MEHR BALANCE

- Setz dich auf einen Stuhl oder ein Kissen am Boden. Der Rücken sollte gerade sein. Die Hände können wie eine Schale gehalten werden.
- Atme tief ein und aus. Schließ die Augen oder fixier mit leicht geöffneten Augen einen Punkt vor dir am Boden. Werd ganz ruhig.
- Nimm nun einfach wahr, was ist. Sei still und beobachte. Es werden auch Gedanken kommen – lass sie vorüberziehen wie die Wolken am Himmel.
- Wenn dich etwas ablenkt, nimm es wahr und lenk deine Aufmerksamkeit zurück zu deinem Atem. Mehr ist nicht zu tun. Achtsam atmen.

3. DER BEWEGUNGSSINN

Der physische Sitz des Bewegungssinns sind die Propriorezeptoren in der Muskulatur. Die Medizin bezeichnet diesen Sinn als Tiefensensibilität. Mit ihr nehmen wir unsere eigenen Bewegungen im Körper und mit dem Körper wahr, jedoch nicht Bewegungen, die der gesamte Körper bei einer Ortsveränderung macht – dafür ist der Gleichgewichtssinn zuständig.

Ein gut ausgeprägter Bewegungssinn ermöglicht ein Erleben von Freiheit und sogar ein Gefühl der Selbstbeherrschung durch die Beherrschung des Bewegungsspiels. Wenn dieser Sinn durch mangelnde körperliche Aktivität zu wenig stimuliert wird, kann dies zu einer inneren Passivität und zu Antriebsschwäche führen.

Wir wären keine lebendigen Wesen, wenn wir nicht unsere eigenen Bewegungen wahrnehmen könnten. Maschinen können das nicht.

Gerade bei Kindern sind es die Bewegungen, der Eigenbewegungssinn, der die Grundlage der Nachahmung und damit des Lernens bildet. Sie schauen oder besser »spüren« sich über diesen Sinn vieles von den Größeren ab.

Beim erwachsenen Menschen führt ein gut ausgebildeter Bewegungssinn dazu, dass er sich leichter ein Bild vom Gegenüber machen kann: Durch das Erfahren der eigenen Bewegungsdynamik mit Gesten, Mimik, der Gangart und Körperhaltung können wir auch auf die des anderen Menschen schließen.

Lernen durch Vorbilder

Zum Bewegungssinn gehören also auch die innere Motivation und das Lernvermögen. Aber von wem könntest du lernen? Wer hochsensibel ist, hat häufig das Gefühl, allein in dieser Welt zu stehen. Viele fühlen sich unverstanden, weil sie oft nicht ernst genommen werden. Sie ecken an, weil sie so extrem viel wahrnehmen und Dinge bemerken, die anderen entgehen. An wem könnten sie sich orientieren? Wer gibt ihnen das Gefühl, »richtig« zu sein, und fördert ihre Besonderheiten?

BIOGRAFIEN ALS ANREGUNG

Oft finden sich vorbildhafte Lebenswege bei bekannten Persönlichkeiten. Sehr gern empfehle ich Hochsensiblen daher das Recherchieren nach spannenden Biografien und Autobiografien. Ob als Buch, als Dokumentarfilm oder Spielfilm, sie können wegweisend für dich sein. Mir selbst gaben viele Bücher über und von visionären Menschen wichtige Impulse. Du wirst staunen, wie viele der großen und berühmten Männer und Frauen dieser Welt ebenfalls mit höchst sensiblen Sinnen ausgestattet waren und sind!

Hochsensibel, wie du nun mal bist, hast du vielleicht gelernt, dich selbst zu verleugnen, unsichtbar zu sein und dich anzupassen. Nur damit alles ein bisschen leichter wird. Um den Weg wieder hinaus aus dem Versteck zu finden, kann dir ein Mentor helfen. In der griechischen Mythologie war Mentor ein Freund des Odysseus, der dessen Sohn Telemachos beschützte und ihn mit Ratschlägen versorgte.

Mentoren sind Menschen, die einem anderen als Ratgeber zur Seite stehen. Sie übernehmen eine Vorbildfunktion und unterstützen ihn dabei, eine Weichenstellung vorzunehmen und eine Schwierigkeit zu meistern. Das kann ein Coach oder Therapeut tun, aber auch einfach ein Freund oder Gleichgesinnter. In Foren und bei Stammtischen für Menschen mit Hochsensibilität sind viele Leute, die ähnliche Themen haben und sich gegenseitig anregen können. Sie lassen andere an ihren Erfahrungen teilhaben und tauschen sich darüber aus, wie sie mit grenzwertigen Situationen umgehen.

Letztlich ist aber natürlich auch dieses Buch ein Mentor für dich. Du erhältst in den Kapiteln jede Menge Ratschläge und praktische Anregungen, denen du nachgehen kannst. Und die Tatsache, dass es ein solches Buch gibt, zeigt dir auch schon: Du bist nicht allein. Viele

Menschen heute interessieren sich aus ganz persönlichem Antrieb sehr für das Thema Hochsensibilität.

Freiheit

Innere und äußere Freiheit sind liebevolle Geschwister. Wir haben heute viele Freiheiten, viele Möglichkeiten, uns zu entscheiden, und müssen daher immer wieder unsere eigene Position und Richtung neu bestimmen. Genauso wie wir mit unserem Bewegungssinn Position und Richtung unserer Körperteile und Bewegungen bestimmen. Der Preis, den wir für die vielen Freiheiten bezahlen, sind die Unsicherheiten, wenn wir vor lauter offenen Türen gar nicht mehr wissen, wohin wir uns wenden sollen. Oder die Möglichkeiten, die wir sehen, scheinen uns unbefriedigend oder wir sehen erst gar keine. Vielleicht fühlen wir uns dann verzweifelt und unwohl und möchten am liebsten aus unserer Haut heraus. Auch körperliche Schwierigkeiten sind in solchen Lebensphasen nicht selten.

WILLST DU DIE FREIHEIT WIRKLICH?

Freiheit macht glücklich. Wähl die Freiheit für dich selbst und für dein Lebensglück. Erkunde, welches Verhältnis zur Freiheit du hast. Stell dir dazu ein paar einfache Fragen: In welchen Lebensbereichen fühlst du dich unfrei? Vor welcher Art Freiheit hast du Angst? Was könntest du vermissen, wenn du dich auf wirkliche Freiheit einlässt? Welchen Preis zahlst du für deine Angst vor der Freiheit? Vor welchen Gefühlen fürchtest du dich, wenn du dir vorstellst, du würdest frei sein? Anhand deiner Antworten kannst du erkennen, dass es oftmals nicht die Umstände sind, die dich binden, sondern deine Angst vor wahrer Freiheit. Mit diesem Wissen kannst du deinen Ängsten ins Auge sehen und dir deine Freiheit Stück für Stück erobern.

STRESS – ODER LEBEN?

Claudia, 38, ist glücklich verheiratet, Mutter von zwei Kindern und Juristin. Ihre Hochsensibilität ist ihr seit Langem bewusst, sie wuchs in einer Lehrerfamilie auf und es wurde viel Wert auf »schöne Künste« und Achtsamkeit gelegt. Ihre Mutter unterrichtete neben ihrer schulischen Tätigkeit Meditation und Yoga, der Vater spielte Bassgitarre in einer Band.

Claudias Berufswahl war entscheidend geprägt von ihrer ersten großen Liebe, einem Jurastudenten. Doch auch nachdem diese Beziehung beendet war, hielt sie an ihrem Ziel fest. Sie wollte als Richterin für mehr Gerechtigkeit sorgen. Der Weg als Juristin führte sie über verschiedene Stationen in großen und kleinen Kanzleien und Organisationen zu der Erkenntnis: »So kann und will ich nicht arbeiten.« All ihre Sinne waren überlastet, ihr Körper verlor zunehmend an Kraft und auch ihre Lebensfreude verschwand hinter Aktenbergen. Trotz eines Promotionsstipendiums entschied sie sich, die »große Karriere« zugunsten einer ausgeglichenen Work-Life-Balance aufzugeben. Der Preis dieser Entscheidung zugunsten ihrer Freiheit war der Verlust eines sechsstelligen Jahresgehaltes und eines klangvollen Titels. Doch Claudia gewann ihre Lebensqualität zurück.

Heute arbeitet sie halbtags bei einer Menschenrechtsorganisation, dazu stundenweise für eine Kinderschutzorganisation. So kann sie gleichzeitig Gutes tun, ihren Gerechtigkeitssinn befriedigen und sich um ihre Familie kümmern. Sie macht Musik und schreibt einen Blog über das Leben als berufstätige Mutter. Viele Menschen haben über ihre Entscheidung den Kopf geschüttelt. Das ist ihr egal. Denn sie will ihr Leben glücklich leben und nicht immer am Rande ihrer Belastbarkeitsgrenzen sein.

Loslassen

Loslassen ist nicht unbedingt einfach. Beim Verlust einer Arbeitsstelle, dem Auszug der Kinder, dem Ende einer großen Liebe oder schmerzhaften Seelenverletzungen hört man oft: »Du musst einfach loslassen.« Aber was meint das eigentlich? Wie geht das, was sich da so simpel anhört? Das größte Problem beim Loslassen besteht oft darin, dass sich der Verstand darauf eingestellt hat, dass Loslassen schwierig sein muss und die Gefühle noch nicht so weit sind, um Abschied zu nehmen. Das ständige Erinnern und Ermahnen, doch jetzt loszulassen, raubt dann zusätzlich Energie. Grundvoraussetzung für das Loslassen ist immer, dass die Sache (was immer es ist) auf der Gefühlsebene angegangen wird und nicht mit dem Kopf. Der Grund dafür ist ganz einfach: Das Grübeln über einen Verlust und die Veränderung ist sehr oft die eigentliche Wurzel des Übels. Der Kopf ist also eine Ursache für die Probleme. Und je weniger er eingesetzt wird, desto leichter lässt sich loslassen.

Mit ein bisschen Übung, wie der von Seite 73, gelingt es immer leichter, die Gefühlswelten zu steuern. Ich selbst habe damit große Lebenskrisen, Verluste und jede Menge Trauerarbeit bewältigt. Bleib am Ball. Dann klappt das Loslassen irgendwann wie von selbst.

DAS GUTE BLEIBT

Häufig fürchten sich Menschen davor, mit ihren negativen Gefühlen auch die positiven Erinnerungen loszulassen. Diese Angst ist aber völlig unbegründet, denn die positiven Gefühle werden nicht fallen gelassen. Im Gegenteil: Die guten Gefühle können sogar verstärkt werden, wenn die ganze Energie, die noch am Negativen klebt, endlich frei wird. Je mehr negative Empfindungen losgelassen werden, desto mehr Platz finden die positiven Gefühle. Und damit auch tiefer innerer Frieden und am Ende das Gefühl von Glück.

ÜBUNG

LOSLASSEN, WAS FESTHÄLT

- Zum aktiven Loslassen nimm eine aufrechte, bequeme Sitzhaltung ein. Schließ die Augen und entspann deinen Körper so gut es geht mit ein paar tiefen Atemzügen.
- Mach dir nun bewusst, was für dich der Gegenstand dieser Übung ist: Was willst du loslassen? Hol das Gefühl zur Situation oder Person, um die es geht, in dich hinein und versuch, es mit dem Körper zu spüren.
- Der erste Schritt ist es nun, die Gefühle anzunehmen. Verstärk sie also und verinnerlich sie dir.
- Stell dir dann die Frage: Kann ich diese Gefühle voll und ganz annehmen? Was antwortet dein Bauchgefühl? Wenn ja, machst du weiter. Wenn nein, bleibst du noch etwas im Spüren und fährst später mit der Übung fort.
- Im zweiten Schritt fragst du dich: Kann ich alles annehmen, was mit dem Gefühl in Verbindung steht? Hör wieder auf die Impulse aus deinem Inneren. Beobachte auch all deine Versuche, die Gefühle zu verfälschen oder wegzudrücken. Das alles hilft dir nicht weiter. Versuch, alles, was sich in dir zeigen will, anzunehmen und willkommen zu heißen, auch wenn es schwerfällt. Beobachte deine Reaktionen und bewerte nicht – weder die Gefühle noch deinen Umgang damit.
- Die dritte Frage lautet nun: Kann ich all die Gefühle und inneren Reaktionen auf die Sache oder Person loslassen? Wenn ja, dann lege am besten einen Zeitpunkt dafür fest. Es muss nicht sofort sein, das macht es viel leichter und du merkst, dass du einen Einfluss darauf hast. Sagst du »Nein« oder »noch nicht«, wiederholst du die Übung zu einem späteren Zeitpunkt. Sie stößt jedes Mal einen Loslassprozess in dir an. Und irgendwann ist das Thema vollständig durch.

SCHWUNGVOLL LEBEN

Es ist egal, wofür du dich am ehesten begeistern kannst. Entscheidend ist nur: Beweg dich! Sei körperlich aktiv. Tu es unbedingt! Tanze, geh joggen, besuch ein Fitnessstudio, geh mit deinem Hund walken oder praktizier aktive Meditationen. Wenn dir das Aufraffen allein schwerfällt, dann schließ dich Menschen an, die ungefähr auf deiner Wellenlänge sind und mit denen dir der Sport Freude macht. Das macht es sehr viel leichter.

Wichtig bei alldem: Komm ins Schwitzen, das reinigt die Haut und sensibilisiert so den Tastsinn. Sport hat aber einen positiven Einfluss auf alle Bereiche des menschlichen Organismus, wobei dem Herz-Kreislauf-System die größte Bedeutung zukommt. Aber auch Glückshormone werden vermehrt ausgeschüttet und die Libido wird aktiviert. Wenn du den vollen Effekt haben willst, dann beende die Aktivität mit einer kleinen Runde bewusster Entspannung. So füllst du alle Zellen mit neuer Energie.

Innere Bewegung und Beweglichkeit

Wie innen, so außen. Zur äußeren, körperlichen Beweglichkeit gehört immer auch die innere Beweglichkeit und Flexibilität. Sie fördert die Fähigkeit, eigene Emotionen und Gedanken aktiv zu beeinflussen.

Wer rastet, der rostet! Diesen Satz kennst du sicherlich auch. Er gilt für alle Ebenen des menschlichen Seins. Aus der Forschung mit Senioren weiß man, dass körperliche Fitness mit geistiger und emotionaler Vitalität einhergeht. Menschen, die erfolgreich, energiegeladen und vital sind, treiben sehr oft Sport, bewegen sich gern und sind sicher keine Couchpotatos. Du ahnst, was das für dich heißt? Wenn du mit deiner Hochsensibilität glücklich leben willst, musst du deinen Körper regelmäßig und möglichst freudvoll und genussvoll bewegen.

4. LEBENS- UND VITALSINN

Vielleicht hast du von diesem Sinn noch nie etwas gehört. Aber sicher kannst du schnell erspüren, was damit gemeint ist. Der Lebenssinn führt dich mit der Wahrnehmung nach innen. Sein physischer Sitz ist das vegetative Nervensystem. In der Medizin wird die weitgehend unbewusste Wahrnehmung der Organtätigkeit als Viszerozeption bezeichnet. Der Lebens- oder Vitalsinn ermöglicht es dir also kurz gesagt, dich selbst als lebendes, körperliches Wesen wahrzunehmen.

Wie steht's um den Körper?

Der Lebenssinn gibt uns ein Gefühl davon, in welcher Verfassung der gesamte Organismus ist. Er warnt uns, wenn etwas im Körper nicht stimmt, wenn ein Mangel zu groß wird oder Krankheit droht. Er unterstützt außerdem Gefühle der Behaglichkeit und Harmonie. Ein gleichmäßiger Tagesablauf, eine hohe Lebensqualität und innere Ordnung fördern diesen Sinn. Sie tun uns auf allen Ebenen gut und schaffen auch den Spielraum, mit Schwierigkeiten besser umgehen zu können.

WAHRNEHMUNGEN STEUERN

Als hochsensibler Mensch bist du ständig mit einer Fülle von Eindrücken konfrontiert. Du wirst davon bedrängt, wenn nicht gar »erschlagen«. Wenn du das Gefühl hast, dass dir alles zu viel wird, solltest du dir einen Moment Zeit nehmen und dir dein Leben, deine Lebensbedingungen und auch die möglichen Veränderungen, die du selbst herbeiführen kannst, ansehen. Was du verändern kannst, ist eine Menge. Fast alles dabei hat mit der Grundthematik der »Wahrnehmung« zu tun. Versuch, genau sie zu verändern, indem du die Äußerungen deines Lebenssinnes konsequent beobachten und steuern lernst. Frag dich dabei, was dir deine Wahrnehmungen über dich als lebendes Wesen und damit in Abgrenzung zur Umwelt sagen wollen.

Der Lebenssinn wird meist erst dann deutlich spürbar, wenn etwas die Harmonie des Körpers stört. Mattheit und Energielosigkeit sind Wahrnehmungen des Lebenssinns. Gewalt, Angst, Hektik, Streit stören ihn nachhaltig, wie du dir denken kannst. Aber es gibt auch schöne Momente, wo das Lebensgefühl so gut ist, dass man sich selbst im besten Gleichgewicht wahrnimmt. Auch das geschieht über den Lebenssinn.

Die Weisheit des Körpers

In der heutigen Zeit gehört Stress für viele Menschen zum Alltag – da bleibt selten Zeit, um sich zu entspannen und sich selbst etwas Gutes zu tun. Gerade hochsensible Menschen haben oftmals große Schwierigkeiten, sich vom Stress zu erholen oder noch besser: vorbeugende Maßnahmen zu ergreifen.

Wenn dir das so geht, dann solltest du lernen, mehr auf die Weisheit deines Körpers zu achten: Mit seinem Lebenssinn sagt er dir nicht nur, wo es zwickt, sondern auch, was dir guttut. Wenn du Verspannungen hast und ein entspannendes Bad nimmst, wird es dir auch innerlich besser gehen, obwohl es sich dabei scheinbar nur um eine äußere Anwendung handelt. Das Gleiche gilt für ruhige Minuten mit einem Buch und einer Tasse Tee. Konzentriere dich immer wieder auf das, was dir der Sinn für deine Vitalität sagt. Gönn dir zwischendurch jede Menge Positives.

ÜBUNG

SPANNUNG AUSATMEN

Unter Spannungen und Stress leidet unser System sehr. Versuch doch einmal, sie »auszuatmen«:

- Spann während des Einatmens alle Muskeln in den Armen, den Beinen und im Oberkörper an. Halt die Luft an und spür die kraftvolle Anspannung.
- Mit dem Ausatmen lässt du nun alle Spannung los. Gib allen Stress und Druck ab. Befrei dich!
- Wiederhol das drei- bis fünfmal und spür in den Pausen der Entspannung nach.

ÜBUNG

SCHAU, WAS ALLES WAR

- Stell dir vor, du wärst für dich selbst der beste Arzt, den es gibt. Setz dich also in Ruhe hin und sei Patient und Doktor in einem. Erzähl deinem Arzt deine komplette Krankengeschichte seit deiner Geburt, soweit du sie kennst. Schreib dabei gut mit, schreib also deine eigene Anamnese auf.
- Such dann nach immer wieder auftauchenden Gesundheitsthemen: Reagiert bei dir leicht die Haut, das Immunsystem, der Bewegungsapparat oder die Hormone? Neigst du zu Unfällen oder einer bestimmten Schwäche? Erkenn nach und nach all deine körperlichen Schwachstellen.
- Nun kannst du dich darum kümmern, es genau diesen Bereichen besonders gut gehen zu lassen.
- Interessant kann es außerdem sein zu recherchieren, welche psychischen Themen hinter diesen körperlichen Symptomen stehen. Bei Kopfschmerzen vielleicht das »Kopfzerbrechen« oder es geht dir eine Angst »an die Nieren«. Anregungen findest du in Büchern zur Psychosomatik, siehe auch Seite 125. Frag dich, was du in diesen Bereichen für dich tun kannst.
- Mach dir am besten einen Plan, wie du deine Erkenntnisse in Handlungen umsetzen willst.

Dein Körper als Landkarte deiner Seele

Schon ein Schnupfen verursacht Veränderungen im Wohlgefühl. Sicher kennst du das: Bist du krank, ziehst du dich zurück und wirst empfindlicher. Jede Beschwerde verändert kurzzeitig die Persönlichkeit, mal mehr, mal weniger. Die Aufmerksamkeit verlagert sich, die Stimmung schwankt. Besonders belastet ist die Seele verständlicherweise bei schweren Erkrankungen. Hier ist offensichtlich, dass die Psyche durch das körperliche Leid beeinflusst wird. So klar sind die körperlichen Auslöser jedoch nicht immer. Versteckte Entzündungen im Körper verursachen erst mal keine auffälligen Symptome. Längerfristig aber können sie zu Kraftlosigkeit, Müdigkeit und Depressionen führen. Auch Hormone sind nicht selten Auslöser. Achte darauf, wenn du »eigentlich nichts hast«, dich aber dennoch ständig schlapp fühlst. Oft steckt eine körperliche Krankheit dahinter, die dir dein Vitalitätssinn leise anzeigt. Auch Ängstlichkeit ohne erkennbaren Grund ist ein Warnsignal. Oft hilft schon etwas ganz Einfaches: tiefer, erholsamer Schlaf. Lange und ausgiebig.

ÜBUNG

DAS SCHLAFWOCHENENDE

Wir können Schlaf nicht nachholen und auch nicht »vorschlafen«. Aber wir können uns immer wieder enorm erholsame Schlafwochenenden gönnen. Voraussetzung ist natürlich, du hast keine Termine. Deine Familie ist versorgt, du hast alle Verantwortung abgegeben und kannst dich zwei Tage lang nur um dich selbst kümmern.

- Du tust an diesem Wochenende nichts. Buchstäblich nichts und wirklich das ganze Wochenende lang. Fällt dir das schwer? Dann ist diese Übung umso wichtiger. Bleib im Bett oder auf dem Sofa. Lies nicht, schau nicht fern, telefonier nicht. Häng einfach nur genüsslich rum. Wenn du Schlaf brauchst, holt der Körper ihn sich.
- Probier es einfach mal aus und schreib deine Erfahrungen auf. Findest du es einfach nur himmlisch? Oder reicht ein Wochenende gar nicht aus? Dann gib dir einen weiteren Termin für ein Schlafwochenende.

DIE UMGEBUNGSSINNE

Die zweite Sinnesgruppe sind die Umgebungssinne. Mit ihnen nehmen wir nicht mehr schwerpunktmäßig uns selbst, sondern vor allem auch unsere Umwelt wahr. Wärmesinn, Sehsinn, Geschmacks- und Geruchssinn (dazu im weiteren Sinne der Gehörsinn) gehören zu der mittleren Wahrnehmungsebene und funktionieren in einem Zusammenwirken von Außen und Innen. Die entsprechenden Organe befinden sich an der Peripherie, wo Äußeres und Inneres zusammentreffen, und liefern uns auf verschiedene Weise Infos zur Umgebung. Wir nehmen bestimmte Qualitäten der Natur mit diesen Sinnen auf: Geruch, Geschmack, Farbe, Wärme und so weiter. Außerdem nehmen wir damit auch das auf, was wir selbst als Bindeglied zur Welt des Geistigen, des Schöpferischen erschaffen haben.

5. DER WÄRMESINN

Der physische Sitz des Wärmesinns sind die Wärme- und Kälterezeptoren. Dieser Sinn vermittelt, wie der Name schon sagt, das Wärme- und Kälteerleben. Außerdem hindert er uns fortwährend daran, dass wir gleichgültig werden. Dieser Sinn ist nämlich nicht nur für die Temperaturrezeptoren ansprechbar, sondern auch für seelische und geistige »Wärme«. Entsprechend gut sind die Antennen hochsensibler Menschen für übertriebene oder unechte Herzlichkeit und Kaltherzigkeit.

Den Wärmesinn verfeinern

Unsere Haut mit ihren Millionen von Nerven nimmt die prickelnde Kühle eines Tautropfens ebenso wahr wie die wohltuende Wärme einer finnischen Sauna. Genau dies machen sich die Kneipp'schen Wasseranwendungen zunutze. Man setzt genau dosierte Kälte- und Wärmeeffekte ein, um positive Reaktionen im Körper auszulösen.

»Untätigkeit schwächt,
Übung stärkt,
Überlastung schadet.«

SEBASTIAN KNEIPP

ÜBUNG

HEISS UND KALT

Jede Anwendung oder Übung mit Temperaturwechseln wird dich bei der Schulung deines Wärmesinnes unterstützen. Probier aus, was dir guttut:

- Heiß-kalte Wechselduschen?
- Saunagänge?
- Kneipp'sche Güsse? In der einfachsten Form kannst du die auch zu Hause in der Badewanne ausprobieren. Lass dafür abwechselnd kaltes und warmes Wasser über einzelne Körperstellen fließen. Anfangs beispielsweise über die Arme, dann über die Beine oder auch über den gesamten Rumpf.

Beobachte bei alldem, wie du reagierst, körperlich und emotional. Mach solche Anwendungen möglichst regelmäßig und schreib deine Erfahrungen auf. Dein ganzer Körper wird Gesundheit tanken.

Warmherzigkeit und Kaltherzigkeit

Im übertragenen Sinne sind auch sie mit dem Wärmesinn verbunden. Gerade deshalb ist er ja für Hochsensible so interessant. Von einer warmherzigen Person geht eine herzliche und angenehme Wärme aus. Warmherzigkeit wird oft auch Herzenswärme genannt und bedeutet, dass eine Person anderen Wesen Liebe, Zuneigung, Nähe und Innigkeit entgegenbringen kann. Dabei handelt es sich um besonders tiefe und positive Gefühlsregungen. Ein solcher Mensch kann seine Gutherzigkeit anderen gegenüber aber nicht nur empfinden, sondern sie vor allem auch zum Ausdruck bringen. Er ist in der Lage, starke Leidenschaft für jemanden oder etwas zu fühlen und sich diesem Menschen oder dieser Sache gegenüber hingebungsvoll zu verhalten.

Es geht einem warmherzigen Menschen oft sehr viel mehr um Werte wie Mitgefühl, Zusammengehörigkeit, Hilfsbe-

HERZENSWÄRME ENTWICKELN

Herzenswärme ist der fruchtbare Boden, auf dem ein glückliches Leben wachsen kann. Auf der Basis von Herzenswärme wirst du all deine Erfahrungen mit größerer Offenheit machen und alles, worum du dich bemühst, wird leichter zu dir finden. Herzenswärme kannst du bewusst entwickeln. Die Meditation auf Seite 82 nutzt Imaginationen und aktiv hervorgerufene Gefühle, um das Herz sich selbst und anderen gegenüber zu öffnen. Du musst für diese Meditation keinen Meditationssitz einnehmen, sondern kannst sie sogar beim Spazierengehen durchführen oder wo immer du willst.

reitschaft oder Freundschaft als um Macht, Anerkennung oder irgendwelche Äußerlichkeiten. Er handelt von sich aus am allerliebsten so, dass es anderen Menschen guttut und sie sich wohlfühlen. Dabei zeigt er immer auch ein gutes Einfühlungsvermögen.

Das eigene Ich, seine Interessen, Einstellungen und Glaubensüberzeugungen bleiben dabei ganz selbstverständlich erhalten. Denn Warmherzigkeit hat nichts mit Selbstaufgabe zu tun. Sie hat damit zu tun, in andere Lebenswelten einzutauchen, dort zu fühlen und dort Gutes auszulösen, dabei aber ganz bei sich selbst zu bleiben.

Das volle Gegenteil

Der extreme Gegensatz dazu sind kaltherzige, im schlimmsten Fall kaltblütige Zeitgenossen. Sie sind in der Tendenz egoistisch, egozentrisch, überheblich. Ein Mensch mit einem »kalten Herzen« bringt einem anderen Wesen keine Gefühle entgegen und ist vor allem auf seinen eigenen Vorteil bedacht. Kaltherzigkeit geht mit einer Gefühlskälte und Gleichgültigkeit gegenüber anderen und ihrem Schicksal einher. Auch Grausamkeit oder Abgebrühtheit kann einen solchen Menschen kennzeichnen. Personen also, von denen man sich lieber fernhalten sollte.

ÜBUNG

MEDITATION DER HERZENSWÄRME

- Entspann dich und verlager dein Bewusstsein auf die Mitte deines Brustkorbs. Nun stell dir vor, dass sich dieser Bereich mit jedem Atemzug langsam, aber stetig immer mehr erwärmt. Gleichzeitig verbindest du dich in Liebe mit jemandem, der dir nahesteht. Es kann auch ein Gegenstand sein, der dir lieb ist.
- Hat sich dein Brustraum erwärmt, so stell dir vor, wie er sich mit jedem Atemzug mehr und mehr durchlichtet, freier und gelöster wird.
- Wechsle den Fokus nun von der geliebten Person oder Sache zu dir selbst. Atme weiter Liebe und Wärme in deine Herzregion und verbinde dich mit dem wärmenden Licht in dir. Atme ganz sanft immer so weiter. Lass das wärmende Licht mit jedem Atemzug wachsen und sich ausdehnen, sodass es erst dein Herz umhüllt, dann den ganzen Oberkörper, schließlich auch den Kopf, die Arme und die Beine.
- Lass zu, dass sich diese wundervoll wärmende Kraft tief in dir verankert.

Abgrenzung und Selbstfürsorge

Irgendwann in seiner Entwicklung lernt ein Kind, Nein zu sagen. Es passiert dann, wenn sich das Bewusstsein über das eigene Ich entwickelt. Ist man jedoch hochsensibel und damit besonders empathisch veranlagt, kann es vorkommen, dass sich die Grenzen zwischen Ich und Du vermischen. Für Hochsensible, die vieles unbewusst aufnehmen und häufig fremde Gefühle übernehmen, ist daher eine Art Ich-Training sehr empfehlenswert. Die Stärkung der Selbstwahrnehmung hilft ihnen, klar zu unterscheiden, was letztlich vom Gegenüber übernommen wird, weil die eigenen Grenzen nicht genau gespürt wurden.

Emotionale Wärme kann nur entwickeln und ausstrahlen, wer auch um seine Grenzen weiß und sie verteidigen kann. Häufig fällt es Hochsensiblen schwer, Grenzen zu setzen, weil sie dem eigenen Gefühl nicht trauen, das Nein sagt. Oder auch: »Nicht jetzt!« Sicher besteht immer eine gewisse Unsicherheit, ob man seiner inneren Stimme wirklich vertrauen kann.

Bei generellen Schwierigkeiten, Nein zu sagen, kann es aber hilfreich sein, sich bewusst zu machen, dass man mit einem freundlich vorgebrachten Nein eher Freunde gewinnt als mit einem unehrlichen, gezwungenen Ja, das beim Gegenüber letzten Endes nur Schuldgefühle weckt. Außerdem kann man das Nein ja sogar mit einem freundlichen Gegenvorschlag verbinden.

ÜBERTRIEBEN NEIN SAGEN

Gerade bei Hochsensibilität kann es vorkommen, dass man nicht so schnell merkt, was eine Grenzüberschreitung ist, und daher nicht schnell und klar genug darauf reagiert. In diesem Fall kann Folgendes helfen: Sag so häufig wie möglich erst mal Nein zu etwas, was an dich herangetragen wird. Das Nein später zu einem Ja zu machen ist deutlich einfacher als umgekehrt. Im Laufe der Zeit lernst du so, schneller wahrzunehmen, wo deine Grenzen sind, sodass ein voreiliges Nein überflüssig wird. Und du merkst, dass Nein-Sagen gar nicht so schwer ist, wie du vielleicht angenommen hattest. Die allermeisten Menschen schätzen eine klare und deutliche Positionierung, denn dann können sie sicher sein, dass auch dein Ja, wenn es denn kommt, wirklich ernst gemeint ist. Die Fähigkeit, Nein zu sagen und Grenzen zu setzen, führt zu innerer Stabilität, die sich langfristig positiv auf die Beziehung zu anderen auswirkt.

Grenzenziehen ist erlaubt

Es gilt grundsätzlich: Solange es niemandem schadet, hast du immer das Recht, persönliche Grenzen zu setzen. Die Bedürfnisse und Forderungen anderer sollten nie über deine eigenen gestellt werden. Ohne persönlich gesetzte und bei Bedarf stets neu verteidigte Grenzen könntest du leicht überrannt oder verletzt werden.

AKZEPTANZ HILFT

All die Möglichkeiten, das Abgrenzen zu lernen, können eines nicht ersetzen: die Akzeptanz deiner eigenen Sensibilität. Dazu gehört, dir einzugestehen, dass Hochsensibilität mit einer gewissen Abgrenzungsschwäche einhergehen kann. Auf der anderen Seite der Medaille erwartet dich eine Stärke. Sich weniger gut abgrenzen zu können bedeutet nämlich auch, über mehr Einfühlungsvermögen zu verfügen. Auch hier ist Hochsensibilität also Gabe und Aufgabe zugleich. Überleg mal: Was wäre die Welt ohne das sensible Einfühlungsvermögen einiger Menschen?

Dein Ziel könnte es sein zu lernen, diese Fähigkeit zu einem nützlichen Instrument zu machen.

6. DER SEHSINN

Der physische Sitz des Sehsinns ist – Überraschung! – das Auge. Dieser Sinn vermittelt ein Empfinden von und für Farben und von Hell und Dunkel. Und er tut das nicht nur auf der physischen Ebene, denn wir haben auch ein inneres Sehen. Bei diesem Sinn vermischen sich die Wahrnehmungsebenen, über die hochsensitive Menschen verfügen: Düstere Stimmungen und finstere Gedanken kennen sie gut. Gegenüber allem Grellen sind sie empfindlich und Farblos-Tristes beeinflusst sie meist ebenso negativ.

Der Sehsinn ist vielleicht der intensivste und »offensichtlichste« Sinn, denn mit ihm wird quantitativ am meisten wahrgenommen. In unserer modernen Gesellschaft haben die Augen mit Abstand die größte Bedeutung unter den Sinnesorganen, weil Informationen und Wissen im Vordergrund stehen und diese meist visuell übermittelt werden.

Eine schöne Umgebung

Der Sehsinn will gerade bei Hochsensiblen nicht beleidigt werden. Es geht ihnen einfach besser, wenn Schönheit um sie herum zu sehen ist. Wie wohnen hochsensible Menschen daher am besten? Für mich ist es unmöglich, ohne richtig viel Licht zu leben. Daher liebe ich Dachgeschosswohnungen. Dunkle Räume mag ich gar nicht und auch keine dunkle Einrichtung oder dunkle Bettwäsche. In meinem Haus haben viele Zimmer je eine bunt angemalte Wand: gelb, rot, lila, sonst alles weiß. Auch der Geruch und die Lautstärke in der Umgebung sind wichtig. Über einer U-Bahn-Linie könnte ich, wie die meisten Hochsensiblen, nicht wohnen.

ÜBUNG

VERSCHÖNERUNG

- Nimm dir etwas Zeit und notier in dein Tagebuch, was du in deiner Umgebung optisch verschönern willst. Was ist machbar in Bezug auf Tageslicht oder Beleuchtung, Farben, Stoffe, Ordnung?
- Setz dir einen Termin, zu dem du die erste Sache umsetzen wirst.

Alles zum Wohlfühlen?

Wie geht es dir in Bezug auf deine Wohnbedürfnisse? Hast du ein paar Punkte gefunden, die du ändern willst, und dir dafür auch schon Pläne gemacht? Wenn du dafür sorgst, dass du in einem Wohlfühlambiente lebst, ist es auch gleich viel leichter mit der Hochsensibilität.

Vielleicht fühlst du dich total unwohl, aber willst oder kannst nicht umziehen und auch nicht umbauen. Doch du kannst immer scheinbare Kleinigkeiten abändern und so dafür sorgen, dass du dich wohler fühlst. Ein bisschen neue Farbe, ein paar Stoffe, Tücher oder Kissen. Den Schrank in eine andere Ecke schieben, sodass mehr Sonnenlicht ins Zimmer kommt …

»Ja, aber …«? Kannst du mit absoluter Sicherheit sagen, dass du nichts an deiner Umgebung ändern kannst? Was wäre, wenn es doch Möglichkeiten gäbe? Wie könnten diese aussehen?

Schönheit und Ästhetik

Hochsensible Menschen erleben sehr oft ein besonders intensives visuelles Wahrnehmen. Sie reagieren stark auf Farben, Licht und Bilder und nehmen kleinste Feinheiten wahr. Das führt dazu, dass sie auch starke Empfindungen bei alldem haben können, was sie sehen. Die einen reagieren bei der Betrachtung von Kunstwerken, andere beim Anblick schöner Landschaften oder besonderer Wolkenspiele.

Besonders auffallend ist die bei vielen deutlich erhöhte Lichtempfindlichkeit. Durch ihre feine Wahrnehmung können hochsensible Menschen leicht unter einer Überstimulation durch die vielfältigen optischen Reize leiden. Daher müssen sie immer gut für den Schutz ihrer Augen sorgen und sich reizarme Auszeiten gönnen.

Der Umgang mit trüben Tagen

Sehr viele hochsensible Menschen kennen diese Zustände: Sie fühlen sich kraftlos, stellen alles infrage, ihnen fehlt die Lebensmotivation, sie suchen den Sinn des Lebens, sind zutiefst müde und finden keinen Ausweg aus dieser

ÜBUNG

GEZIELTE STIMMUNGSAUFHELLER

Hast du das schon einmal bemerkt: Wenn du dich zu einer Gruppe energiegeladener, positiver Menschen gesellst, verändert sich deine Stimmung allmählich positiv? Und umgekehrt: Wenn du selbst gut drauf bist, werden auch die Menschen in deiner Gegenwart nach einer Zeit freundlicher, motivierter und fröhlicher? Diese Resonanz gibt dir eine leicht nutzbare Chance, das eigene Befinden zu steuern, du musst lediglich achtsam und selbstreflektiert dein Leben betrachten. Frag dich also:

- Welche Menschen tun mir gut und welche tun mir nicht gut?
- Welche Situationen tun mir gut und welche sollte ich lieber meiden?
- Welche Orte suche ich wirklich gern auf und komme jedes Mal gestärkt zurück nach Hause?

Nun musst du deine Erkenntnisse nur in deinem Alltag noch umsetzen. Das Leben spiegelt dir in jedem Moment, was du willst und was du nicht möchtest. Du brauchst es nur zu erkennen und die Hindernisse beiseiteräumen. Dann ist dein Weg frei.

Stimmung. Hast du solche Momente auch schon erlebt? Wenn es gelingt, nicht gegen die eigene innere Bestimmung zu kämpfen, sondern sie anzunehmen, dann kann die Seele aus der Nacht wieder ins Morgengrauen auftauchen und schließlich in den hellen Tag. Es hilft nur eins: Nimm dein Sosein an. Wehr dich nicht gegen die Art, wie du bist – es ist deine Aufgabe, genauso zu sein und dich ins Leben einzubringen. Ich behaupte nicht, dass es leicht ist, seine Bestimmungen anzunehmen. Aber ich behaupte, dass es sehr viel schwerer ist und sehr viel mehr Kraft erfordert, sie abzulehnen.

7. DER GESCHMACKSSINN

Der physische Sitz des Geschmackssinns ist die Zunge. Sie vermittelt differenzierte Geschmackskompositionen aus süß, sauer, salzig, scharf und bitter. Dieser Sinn wird auch als »gustatorische Wahrnehmung« bezeichnet. Die gesamte Geschmacksempfindung ist ein komplexes Zusammenspiel des eigentlichen Geschmackssinns und des Geruchssinns, gemeinsam mit Tast- und Wärmesinn aus der Mundhöhle. Dieser Sinn hat eine wichtige Funktion bei der Gesunderhaltung: Schlechte Geschmäcker erzeugen Ekel und schützen so vor Vergiftungen.

Auch bei diesem Sinn ist die Analogie zum psychischen Erleben naheliegend: Wir sprechen von einer »geschmackvollen Umgebung« oder einem »geschmackvollen Menschen«, wenn uns diese angenehm sind.

Geschmackserinnerungen

Vielen Menschen fällt bei der Erinnerung an bestimmte Ereignisse, die mit dem Essen verbunden waren, sofort ein Geschmack ein: »Ich habe ihn heute noch auf der Zunge!« Oder sie erinnern sich noch ganz genau an ihre erste Kiwi oder den Belag der Pizza, die sie aßen, kurz bevor etwas Großes passierte.

ÜBUNG

WONACH SCHMECKT DEIN LEBEN?

- Schreib in einem ruhigen Moment mal deine Geschmackserinnerungen auf. Positive ebenso wie negative. Geh die Gerichte durch, die es in deiner Kindheit häufig gab, und auch die, die heute etwas Besonderes für dich sind. Welche Geschmäcker liebst du?
- Was bedeutet Geschmack für dich? Und was heißt es für dich, geschmackvoll zu leben? Schreib auch das auf.

Wozu brauchen wir Werte?

Genauso alt wie Geschmackserinnerungen sind Erinnerungen an die Werte, die uns in der Kindheit vorgelebt wurden. Fehlen diese oder können sie heute nicht mehr als solche angesehen werden, ist das für hochsensible Menschen schmerzhaft.

Viele Menschen verspüren eine gewisse Leere. Zwar ist ihr Leben angefüllt mit allerlei Annehmlichkeiten, doch so recht glücklich sind sie damit nicht. Irgendwann beginnen sie sich zu fragen: »War's das? Wofür arbeite ich eigentlich so hart?« Eine latente Unzufriedenheit macht sich breit: »Ich habe doch eigentlich alles, was ich zum Leben brauche – warum bin ich dann nicht so richtig zufrieden?« Weil der größere Sinn fehlt. Weil diese Sehnsucht nach etwas, das man nicht greifen und nicht kaufen kann, unerfüllt ist. Viele stecken in dem Dilemma, dass sie arbeiten und leben, ohne zu wissen, wofür sie das eigentlich tun. Dieses Wofür – das sind die Werte. Wer sich fragt: »Wofür das alles?«, ist auf der Suche nach seinen eigenen Werten. Nach dem, was ihm den höchsten Wohlgeschmack am Leben gibt.

GESCHMACK DER KINDHEIT

Geruchserinnerungen können uns in frühere Situationen zurückversetzen und das können wir auch ganz gezielt einsetzen, um uns ein Wohlgefühl zu verschaffen.

Ich erinnere mich da an ein Coaching mit einer Frau, die in Asien lebte, unter Heimweh litt und sich schrecklich einsam fühlte. Ich ließ sie in Erinnerungen an schöne Zeiten kramen und dabei kam sie immer wieder auf das Essen zu sprechen. Also bat ich sie, sich abends immer wieder Kartoffelbrei oder Milchreis zu machen, die beide sofort die Assoziation zu angenehmen, heimeligen Situationen herstellten. Das konnte sie auch fern der Heimat tun und so überstand sie ihren langen beruflichen Auslandsaufenthalt deutlich besser. Außerdem wurde ihr der Wert der Heimat stärker bewusst.

ÜBUNG

LERN DEINE WERTE KENNEN

Wie findest du deine wirklichen Werte heraus? Ob sie individuell sind oder von vielen anderen geteilt werden, ist zunächst nicht so wichtig. Was dir selbst besonders wichtig ist, bemerkst du am besten bei den außergewöhnlichen Ereignissen des Lebens. Wenn etwas ganz besonders positiv, erfreulich, bestätigend, befriedigend, zufriedenstellend oder beglückend auf dich wirkt, dann bist du nah dran an einem deiner Werte. In drei Schritten kannst du vorgehen, um deine Werte zu identifizieren:

- Erster Schritt: Erinner dich an ein paar herausragende Ereignisse bei der Arbeit, mit Freunden, in der Familie oder der Beziehung oder bei deiner intellektuellen Entwicklung. Notier, was dabei für dich aus heutiger Sicht am wichtigsten war. Vielleicht ging es darum, dass dir dein Chef eine Beförderung gegeben hat, dass du bemerkt hast, dass der Mann an deiner Seite tatsächlich der richtige für dich ist, oder du hast dich für eine nochmalige Ausbildung entschieden, um deine wahre Berufung zu leben.
- Zweiter Schritt: Fass nun das, was du im ersten Schritt notiert hast, in zwei oder drei Worten zusammen. Bring auf den Punkt, was an den Erfahrungen besonders wichtig war – vielleicht waren es Anerkennung, Geld, Zusammengehörigkeit, Sicherheit, Kreativität oder etwas ganz anderes.
- Dritter Schritt: Jetzt hast du dir eine Liste von knappen Worten erstellt, die die Essenz dieser angenehmen Erinnerungen zusammenfassen. Reduzier diese Wortsammlung nun auf je einen Wert pro Ereignis – und schon hast du deine wichtigsten Werte gefunden. Sie sind die Basis deines Handelns und geben dir die Grundlage deines Lebenssinns.

8. DER GERUCHSSINN

Der physische Sitz des Geruchssinns ist die Riechschleimhaut der Nase. Dieser Sinn vermittelt die olfaktorische Wahrnehmung, die Wahrnehmung der Gerüche. Wie Töne und Farben haben auch Gerüche einen enormen Einfluss auf die Seelenwelt. Der Mensch nimmt über den Geruchssinn die feinsten Substanzen der Umwelt wahr. Das Riechen ist somit eine sehr detaillierte Wahrnehmung des näheren Umfeldes. Riechen ist ein Distanzsinn, denn eine Berührung ist für den Geruchseindruck nicht notwendig. Die Geruchsempfindung ist natürlich stark subjektiv und Gerüche sprechen unmittelbar unsere Gefühle an. Sie können leicht Kindheitserinnerungen in uns wecken oder Ekel hervorrufen.

Man kann sich Gerüchen kaum entziehen, denn sie strömen einfach mit der Atemluft in uns hinein. Deshalb sind Geruchswahrnehmungen für Hochsensible oft recht belastend. Für andere kaum spürbare Düfte können schon aufdringlich für sie sein. Mit der stark gefühlsbeeinflussenden Wirkung ist das Riechen eng verwandt mit der instinkthaften Wahrnehmung der Tiere.

WIE URTÜMLICH WIR SIND!

Der Geruchssinn spielt seit Ewigkeiten eine wichtige Rolle im Leben der Menschen. Eine seiner wesentlichen Aufgaben ist der Schutz vor Giften, verdorbenen Nahrungsmitteln oder Gasen. Darüber hinaus ist er als Vorstufe des Essens wichtig: Die Verdauungssäfte beginnen bereits bei Wohlgerüchen zu fließen. Jeder Genuss eines Nahrungsmittels lebt vom Geschmack und auch vom Duft, den man zuerst wahrnimmt. Dass Gerüche Entscheidungen beeinflussen, ist nachgewiesen, heißt aber nicht, dass der Mensch ein Opfer seiner unbewussten Wahrnehmung ist. Denn anders als beim Tier ist bei ihm immer auch der Wille mit dabei und bleibt (meist) die dominierende Kraft.

IN SCHÖNEN KINDHEITSERINNERUNGEN SCHWELGEN

Die Nase ist ein einzigartiger Zeitzeuge: An die frühen Gerüche aus unserer Kindheit können wir uns bis an unser Lebensende erinnern. Vor allem dann, wenn besondere Emotionen mit dem Geruch verbunden sind. Ich beispielsweise erinnere mich noch sehr genau an den Duft des Kopfkissens meiner Mutter, denn wir durften in ihrem Bett liegen, wenn wir krank waren. Dieser Duft war sehr heilsam. Der Duft von Bergamotte ist für mich mit einer guten Tasse Tee verbunden und damit automatisch mit Entspannung.

Was sind deine besonderen Dufterinnerungen? Welche Düfte empfindest du als angenehm, als heilsam, als entspannend? Wenn sie dir bewusst sind, kannst du sie aktiv einsetzen, um dich wohlzufühlen.

Erinnerte Düfte

Wir Menschen sind in der Lage, uns Gerüche schnell einzuprägen, und wir können sie später ebenso rasch wieder abrufen. So denken wir zum Beispiel beim Geruch von Weihnachtsplätzchen häufig mit sehr positiven Gefühlen an die Familie, an die Geschenke und das fröhliche Zusammensein in der Kindheit. Gerade in den ersten Lebensjahren werden Gerüche oft mit angenehm empfundenen Situationen verbunden und so abgespeichert. Diese positive Prägung sorgt dafür, dass die Erinnerung an einen Duft oder eine Wiederholung auch nach Jahrzehnten spontan zu guter Laune führt.

Solche Prägungen erfolgen aber leider auch in der negativen Richtung und führen dann im späteren Leben zu Abneigungen gegenüber bestimmten Gerüchen. Damit wird auch deutlich, dass Gerüche bewusst oder unbewusst unser Verhalten beeinflussen können. Und dass wir sie für unser Wohlbefinden aktiv nutzen können.

Erkennungszeichen Duft

Wissenschaftliche Tests haben längst bewiesen, wie wichtig der Geruch bei der Partnerwahl ist. Der Geruchssinn steuert über das limbische System die Stimmung eines Menschen, seine Antipathien und Sympathien, ebenso den Sexualtrieb. Aus den geruchlichen Signalstoffen können wir unbewusst ablesen, ob es lohnt, mit dem Gegenüber Nachwuchs zu zeugen.

Der Geruch eines Menschen kann sich im Laufe seines Lebens verändern, da er auf verschiedenen Hormonen basiert. Er wird durch das Alter, durch Krankheiten, die Pille oder eine Schwangerschaft verändert. Der Partner riecht den anderen dann anders als vorher. Auch starke Emotionen können den Geruch verändern. Stress, Angst oder Panik lassen ihn nicht unbeeinflusst.

Es wird davon ausgegangen, dass Verliebte den Körpergeruch des Partners als besonders angenehm empfinden und viel sensibler wahrnehmen. Natürlich hat das auch eine negative Seite: Endet das Verliebtsein, wird der Mensch wieder empfänglicher für die weniger schönen Duftstoffe des Partners.

ÜBUNG

KANN ICH MICH GUT RIECHEN?

Hochsensible Menschen sind oft sehr selbstkritisch. Damit aber beschränken sie sich in der Selbstliebe, die eigentlich grenzenlos sein könnte – schließlich sind sie sehr gefühlvoll und empathisch.

- Setz dich doch mal mit deinem Tagebuch hin und mach eine Liste zu diesen Fragen: Wofür kann ich mich gut riechen? Was finde ich gut an mir? Was gibt meinem Leben aufgrund meiner Eigenheiten eine besondere Süße oder Würze?
- Lies dir diese Liste in den nächsten Tagen immer mal wieder durch und freu dich an den guten Gefühlen, die das auslöst.
- Achte im Alltag darauf, ob du die entdeckten guten Qualitäten mehr ins Leben einbringen und anderen stärker zeigen kannst.

DIE GEISTESSINNE

Die dritte Gruppe ist für hochsensible und hochsensitive Menschen wohl die interessanteste. Diese Sinne nenne ich Geistessinne, auch »Erkenntnissinne« oder »soziale Sinne« sind üblich. Viele Hochsensible verfügen über wunderbar fein gestimmte Geistessinne. Diese sind ausschließlich auf die Äußerungen anderer ausgerichtet. Im Gegensatz dazu sind die Körpersinne hauptsächlich auf die Wahrnehmung der eigenen Körperlichkeit bezogen.

DIE SPIEGELNEURONEN

Die Fähigkeit, uns in andere hineinzuversetzen, ihr Verhalten nachzuvollziehen und Emotionen mit unseren Mitmenschen zu teilen, macht uns zu sozialen Wesen. Sie ist die Voraussetzung dafür, dass wir Mitgefühl empfinden und empathisch handeln. Warum wir oftmals intuitiv helfen oder trösten, wenn jemand traurig ist, oder uns freuen, wenn andere gerade großes Glück erleben, liegt auch an den sogenannten Spiegelneuronen in unserem Gehirn.

Es sind Nervenzellen, die aktiv werden, wenn wir Handlungen und Emotionen anderer beobachten. Wie in einem Spiegel erleben wir dann das, was der andere erlebt, selbst ebenfalls. Sogar wenn es nur über Fernsehbilder zu uns kommt. Mithilfe der Spiegelneuronen können wir uns auch in die Absichten anderer hineinversetzen oder vorhersagen, was jemand gleich sagen oder tun wird. Hochsensible haben dafür besonders feine Antennen.

Spiegelneuronen können regelrecht trainiert werden. Bei hochsensiblen Menschen scheinen sie insgesamt aktiver und funktionsfähiger zu sein als bei den meisten anderen. Für sie ist es eher nützlich, Techniken zu lernen, die es ermöglichen, sich gegen die vielen Eindrücke »abzuschotten«.

WOHLKLÄNGE NUTZEN

So sensibel, wie manche Menschen auf unangenehme Geräusche reagieren, so heilsam können Wohlklänge sein. Hochsensible können insbesondere klassische Musik zur Psychohygiene nutzen. Probier mal aus, ob dir Bach, Händel, Mozart oder Haydn guttun. Auch das aktive Singen, Erzählen oder Vorlesen ist für viele besonders Feinfühlige eine angenehme Stärkung.

9. DER HÖRSINN

Das Wahrnehmen von allen möglichen Geräuschen, Tönen und Klängen – das tut der Hörsinn für uns. Mit diesem Wahrnehmungsfeld ist er der erste der Geistessinne. Hier ist der subjektive Anteil des Wahrnehmenden wesentlich kleiner als bei den vier Umgebungssinnen, darum wirken die Empfindungen auch viel objektiver.

Der physische Sitz des Hörsinns sind die Ohren. Für das Hören benötigen wir relativ wenig Aktivität und Wachheit. Alle Klang- und Geräuscheindrücke sind einmalig, sie sind vergänglich. Ein Bild kann immer wieder angeschaut werden. Aber ein Ton ist nur im Erklingen wahrnehmbar. Dann entzieht er sich für immer dem Wahrnehmungsfeld. Es kann nun ein gleicher Ton neu erklingen, doch der bereits vernommene ist nicht wiederholbar. Das macht alles Gehörte authentisch und »echt«.

Stimmungen wahrnehmen

Achte einmal darauf, wie sich deine eigene Stimme je nach seelischer Stimmung verändert. Hört man zeitweise deine Anspannung, Freude oder Traurigkeit heraus? Drückst du deine eigenen Empfindungen aus und lässt so auch andere an deinem Gefühlsleben teilhaben? Wie sieht es aus mit deiner Wahrnehmungsfähigkeit der Stimmungen anderer Menschen anhand ihres stimmlichen Ausdrucks? Hörst du feine Nuancen und Veränderungen in Gesprächen, je nach emotionalem Gehalt?

ÜBUNG

STIMMUNG UND STIMME

Nicht nur vom Wortstamm her besteht zwischen beidem ein Zusammenhang. Die Stimme zeigt oft deutlich an, wie die momentane Stimmung ist. Diese Übung dient der Erforschung deiner Stimme und deiner Gefühlslage. Nimm dir Zeit, um die Fähigkeit zu entwickeln, durch Selbstbeobachtung deiner Stimmfarbe und deines Stimmvolumens mehr Bewusstsein für deine Wirkung auf andere zu erlangen.

- Nimm dir einen stillen Moment Zeit und such dir einen ruhigen Raum. Erinner dich nun an ein paar emotionsgeladene Situationen in deinem Leben. Fühl, welche Stimmungen damit verbunden sind. Je besser du dich in diese Erinnerung hineinversetzen kannst, umso intensiver wird der Effekt der Übung sein.
- Nun sprich mit dir selbst. Drück hörbar aus, was du empfindest, und hör dir selbst achtsam dabei zu. Was kannst du wahrnehmen? Wie verändert sich dein stimmlicher Ausdruck je nach Emotion und Stimmungslage?

Falsches deutlich wahrnehmen

Eine weitere besondere Fähigkeit ist hochsensiblen Menschen eigen: Sie merken sehr schnell, wenn sie jemand belügt, unehrlich ist, wichtige Informationen zurückhält oder sonst irgendwie falsch ist. Es ist kein schönes Gefühl, so klar wahrzunehmen, wenn etwas nicht so ist, wie andere es gern darstellen möchten. Doch bevor du dich blind auf eine solche Wahrnehmung verlässt, prüf sie. Versuch in jedem Fall, zuerst herauszufinden, ob deine Sinne dich trügen oder nicht. Wenn du durch viele Bestätigungen die Erfahrung gemacht hast, dass du dich darauf verlassen kannst, nutz die Gabe! Auch die folgende Übung hilft dir dabei.

ÜBUNG

WELCHE AHNUNGEN WAREN WAHR?

Kannst du dich an Situationen in deinem Leben erinnern, in denen du klare Vorahnungen hattest? Mit dieser Übung kommst du dem, was dahintersteckt und sich vielleicht künftig nutzen lässt, auf die Spur.

- Frag dich einmal: Welche Ahnungen haben sich in deinem Leben als wahr erwiesen? Und wo hast du dich in der Einschätzung einer Situation oder eines Menschen geirrt? Schreib auf, was dir dazu einfällt.
- Notier auch, wie du dich währenddessen gefühlt hast und was du dabei dachtest. Und wie bahnen sich deine Wahrnehmungen ihren Weg in dein Bewusstsein? Du kannst lernen, diese Antennen gezielt zu verfeinern.

10. SPRACH- UND WORTSINN

Beim Sprachsinn geht es um das Erkennen und Bilden von Lauten, Silben und Worten. Grundlage der entsprechenden Wahrnehmungen können Schriften, gehörte Sprache, aber auch Zeichen, Bewegungen, Gebärden, sogar Flaggenstellungen und andere Symbole sein. Mit dem Wortsinn kann man im Wesentlichen nur die Sprachen wahrnehmen, die einem bekannt sind.

Der physische Sitz der Sprechfunktion sind der Kehlkopf, die Stimmbänder, die Zunge und so weiter. Der Sprachsinn geht aber über das eigentliche Sprechen und Hören von begrifflicher Sprache weit hinaus. Er ermöglicht es uns, viele Ebenen der Kommunikation gleichzeitig wahrzunehmen.

Mit dem Sprachsinn nehmen wir Worte (oder auch Schreie, Stöhnen oder Lachen) als kommunikative Geräusche wahr und bringen sie in Zusammenhang mit Mimik, Gestik, Körperhaltung und anderen nonverbalen Zeichen. Die Wahrnehmung des Sprach- oder Wortsinnes ist eigentlich das Verstehen. Aus dem gehörten Geräusch können wir heraushören, ob es sich um Silben oder Worte, Töne oder etwas anderes handelt. Wir erkennen den Gehalt, den Sinn dahinter. Auch beim Schriftlichen: Unser Wortsinn lässt uns wahrnehmen, ob es sich auf einem Papier um ein sinnloses Gekritzel oder Buchstaben und Zeichen mit einem dahinterliegenden Sinn handelt.

Mal ins Gegenteil gehen

Um den Sprachsinn besser kennenzulernen, kannst du mal in eine Welt eintauchen, die keine sinnhafte Sprache kennt. Die folgende Meditation ist solch ein Eintauchen, mit dem du dich auf eine ganz andere als die übliche Weise erlebst. Wie stark der Wortsinn in dir ist, wird dir umso deutlicher, wenn du dich mal ganz ohne ihn äußerst, aber dennoch die Stimme nutzt.

ÜBUNG

BRABBELMEDITATION

Diese Übung hat zwei Phasen und dauert zweimal 15 Minuten. Schließ dabei die Augen und lass dich ganz hineinfallen in die Erfahrung.

- Erste Phase: Beginn mit dem Äußern von irgendwelchen unsinnigen Lauten, brabbel und babbel einfach vor dich hin und vertief dich ganz hinein in diese Laute, Geräusche und Töne. Drück alles aus, was dich bewegt – aber ohne Sinn und ohne Worte. Das Brabbeln hilft dir, die ständige Aktivität des Verstandes zu durchbrechen. Du brauchst deine Gedanken nicht zu unterdrücken – du drückst sie im Brabbeln aus.
- Zweite Phase: Werd still und leg dich auf den Bauch. Lass zu, dass du mit der Erde verschmilzt. Atme tief und fühl dich getragen.

WO WORTE WIRKEN

Wenn du dich näher mit dem Wortsinn befassen und erleben willst, wie er auf die anderen Sinne übergreift, dann solltest du Orte besuchen, wo Wortkünstler auftreten: Geh zu Poetry Slams oder ins Theater, besuch Gedichtabende und Literaturlesungen oder tritt sogar einem Literaturzirkel bei, wo man sich regelmäßig trifft. Auch das Lesen von Romanen oder das Hören von Hörbüchern bietet sich an.

Zurück zu Wort und Sinn

Spielerisch die Ebenen zu wechseln, das gibt dir ein immer klareres Gefühl für diesen Sinn – und zeigt dir vor allem, dass du nicht deine Worte und Gedanken bist. So gewinnst du auch einen Abstand zu Sorgen und Befürchtungen und erhältst eine neue Sicherheit: Gerade Hochsensiblen stehen so viele Möglichkeiten der Wahrnehmung und des Selbstausdrucks offen!

11. DER GEDANKENSINN

Mit dem Gedanken- oder Begriffssinn können wir Gedanken erfassen und bilden und sie auch bei anderen wahrnehmen. Die Lautsprache vermittelt zunächst nur Worte. Wir müssen dem, was wir hören oder lesen, einen Sinn geben – den, den der Absender meinte, oder vielleicht manchmal auch einen anderen. Wir aktivieren auf jeden Fall unseren Gedankensinn.

Noch mehr als durch die Sprache kann das Gedankenleben eines anderen oft sogar im Unausgesprochenen nachempfunden werden: in Mimik und Gestik, durch die Körperhaltung und durch die ganze Art, wie man einander gegenübertritt. Diese Dinge, die viel mit Empathie zu tun haben, nehmen wir unter anderem auch über den Gedankensinn wahr. Je sensibler und sensitiver ein Mensch ist, umso klarer kann er die Gedanken und Intentionen der anderen Menschen wahrnehmen. Du brauchst nur jemandem zu begegnen, schon kannst du unmittelbar innerlich nachfühlen und nacherleben, wie es ihm geht. Das ist nicht immer gewünscht und auch nicht immer leicht. Das Erfassen der Ebenen hinter den Worten oder auch Zeichen kostet Kraft und erfordert ein recht hohes Maß an Wachheit.

Selbst- und Außenbeobachtung

Um die eigentlichen Absichten eines Gesprächspartners verstehen zu lernen, ist es hilfreich, darüber zu reflektieren, wie du dich selbst in manchen Situationen verhältst. Dann kannst du im zweiten Schritt nämlich ein bisschen von dir auf andere schließen. Kannst du deinem Chef bei einer Notlüge à la »Ich stand im Stau« in die Augen sehen? Schaffst du es bei einem zufälligen Zusammentreffen mit der unhöflichen Nachbarin, ein ehrliches Lächeln auf dein Gesicht zu zaubern? Wenn du beide Fragen mit Nein beantwortest, weißt du bereits über die von deinem Körper angewandten Tricks Bescheid.

GEDANKENLESEN IST KEIN HOKUSPOKUS

Die Körpersprache eines Menschen verrät viel mehr, als allgemein angenommen wird. Was sich im Kopf von jemandem abspielt, lässt sich zu einem gewichtigen Prozentsatz anhand von Gestik und Mimik erkennen.

Die Kommunikation besteht deshalb nicht nur aus dem gesprochenen Wort. Der oft aussagekräftigere Teil versteckt sich hinter Körperhaltungen und anderen nonverbalen Signalen. Die Fähigkeit, diese richtig zu interpretieren, ist der Spezies Mensch mit in die Wiege gelegt. Seit Jahrtausenden gehört es für uns zur Überlebensstrategie, die Stimmung unseres Gegenübers schnell und sicher ablesen zu können.

So ist das Gedankenlesen nur eine Erweiterung eines ohnehin bereits vorhandenen, angeborenen Könnens. Und Hochsensible haben es damit naturgemäß sehr viel leichter.

Alles, was er bei dir so macht, wird auch den anderen tendenziell passieren, wenn sie in ähnliche Situationen kommen. Nutz also dein Know-how, um in den Gedanken anderer gleichsam wie in einem Buch zu lesen. Ein notorischer und geübter Lügner wird sich freilich nicht leicht aufs Glatteis führen lassen, aber sei gewiss: Auch sein Körper kann, ganz im Gegensatz zum Mund, niemals die Unwahrheit »erzählen«.

Jeder hat seine Gründe

Natürlich geht es beim Gedankenlesen nicht vorrangig darum, den Gesprächspartner des Lügens zu überführen. Wenn Menschen nicht ganz offen sind, sind sie manchmal auch nur dabei, sich selbst zu täuschen, oder versuchen, unangenehme Erlebnisse im Geiste nicht wachzurütteln. Hinter die Fassade blicken zu lernen lehrt uns viel über andere, aber letztlich auch über uns selbst. So extrem unterschiedlich sind wir Menschen nämlich gar nicht.

Es ist immer erstrebenswert, das Gegenüber aufmerksam und in seiner Ganzheit zu betrachten. Das Agieren der Hände und Beine, die Muskelbewegungen im Gesicht und das Wandern der Augäpfel – ein perfektes Zusammenspiel, das uns schon rein intuitiv viel verrät. Gerade emotionale Situationen von Glück oder Trauer machen es uns unmöglich zu täuschen. Jeder verhält sich dann »echt« und zeigt das »wahre Gesicht«. Beobachte nur einmal, wie Männer bei einem Auswärtssieg ihrer Fußballmannschaft jubeln.

ÜBUNG

VORM SPIEGEL

- Stell dir einen Tag lang eine ganz besondere Aufgabe: Immer wenn du bemerkst, dass du gerade eine bestimmte Emotion erlebst, versuchst du, sie kurz festzuhalten, und gehst vor einen Spiegel.
- Nun kannst du schauen: Wie sehe ich damit aus? Wie schaue ich, wenn ich froh bin, erleichtert, ärgerlich, müde oder wenn ich versuche, etwas zu verbergen? Wie verändern mich Stimmungen?

ÜBUNG

IM SPIEGEL DER ANDEREN

- Wenn du einige Erfahrungen mit dem Ausdruck deines Befindens gesammelt hast, wende dich bewusst anderen zu. Nimm dir vielleicht wieder einen Tag, an dem du genau auf die Mimik und Körpersprache der Menschen um dich her achtest. Beobachte Fremde ebenso wie die Menschen deines näheren Umfeldes.
- Was lässt sich bei ihnen ablesen? Welche Ähnlichkeiten siehst du zwischen ihrem Reagieren und deinem?

Die Vorteile des »Menschenverstehens«

Jeder strebt danach, Aufmerksamkeit zu erlangen. Schenkst du anderen in deiner Umgebung deine Zuwendung, werden sie sich dir öffnen. Wer ehrliches Interesse an anderen zeigt, erfährt viel über deren Innenleben. Dieses Wissen öffnet dir Tür und Tor zu engeren Beziehungen mit anderen und nicht zuletzt zu mehr eigenem Selbstbewusstsein. Da viele Charakteristika der Körpersprache bei allen Menschen gleich sind, vergrößert sich dein Fundus an Wissen immens. Mit ein wenig Übung stellt dann auch das Kennenlernen von neuen Leuten kein Problem mehr dar und du trittst sogar bei einem Vorstellungsgespräch oder einer wichtigen Geschäftsbesprechung automatisch selbstbewusster auf. Dein Gefühl, sich kein X für ein U vormachen zu lassen, überträgt sich auf dein Gegenüber.

Die Fähigkeit, »Gedanken zu lesen«, macht dich in jeder Situation zu einem ebenbürtigen und respektierten Gesprächspartner. Dies gilt nicht nur im beruflichen Bereich. Beobachte deine Lieben zu Hause eingehend. Die Gesichtsmuskeln deines Partners oder Kindes reagieren in vergleichbaren Situationen stets in ähnlicher Weise.

Schaust du sie dir genauer an, wirst du bald an ihrem Blick erkennen, ob sie beispielsweise Hunger haben. Ärger in der Schule, ein neuer Schwarm oder ein Streit verleiht dem Gesicht jeweils einen ganz bestimmten Ausdruck. Du liest deinen Lieben die Wünsche und Befürchtungen, die inneren Zustände tatsächlich von den Augen ab und machst euer Miteinander damit einfacher, weil du klarer auf sie eingehen kannst.

Mehr Harmonie

Ein weiterer Vorteil des »Gedankenlesens« ist, dass damit Konflikten und Missverständnissen vorgebeugt wird. Die schlechte Laune des Chefs verunsichert dich einfach nicht mehr – aus seiner Körperhaltung konntest du schließen, dass ihn ein privates Problem verstimmt hat. Ärger, Selbstzweifel oder gar Existenzängste können so erst überhaupt nicht aufkommen.

VON DER ABSICHERUNG ZUR BEGEGNUNG

Seit Jahrmillionen versuchen die Menschen, die Gedanken des anderen zu interpretieren. Hing in steinzeitlichen Situationen das Leben von dieser Gabe ab, fördert sie heute eher die emotionale Bindung zweier Menschen. Unser Streben danach, in den Geist anderer zu blicken, schützt nicht nur unser eigenes Sein, sondern erleichtert es uns, neue Freundschaften und innige Partnerschaften zu pflegen.

Das Polaritätsgesetz

Alles, was ist, hat zwei Seiten. Dennoch streben wir meist danach, nur einen Pol, das Gute, zu leben, und erwarten, dass der andere, das Böse, sich in Nichts auflöst. Im Sinne des Polaritätsgesetzes ist das jedoch völlig unsinnig und führt zu vielen Blockaden, die wir nur dann aufheben können, wenn wir den Mut haben, beide Seiten zu akzeptieren.

Wir kennen Nord- und Südpol und wissen auch, dass zwischen einem Plus- und einem Minuspol eine elektrische Spannung besteht. Um das Polaritätsgesetz zu verstehen, müssen wir begreifen, dass die Welt eine Einheit ist, die aus Gegensätzen besteht. Ohne sie wäre nichts existent oder für uns vorstellbar. Wir wüssten nicht, was hell wäre, wenn es keine Dunkelheit gäbe. Ohne Trauer könnten wir keine Freude empfinden, ohne Liebe keinen Hass.

Das Wissen von den Polaritäten findet sich in uralten Symbolen aller Kulturen wieder.

Akzeptierst du die Polarität, dann schließt du Frieden mit dem Leben. Du kommst in Einklang mit der Welt, weil du Harmonie und Streit, schöne und trübe Tage, Erfolg und Scheitern als notwendige Gegensätze einer größeren Einheit anzunehmen beginnst.

Auch die menschliche Wahrnehmung funktioniert allein über Polaritäten. Du kannst entweder Licht oder Schatten erkennen, so wie du die Worte dieses Textes einzeln erfassen musst, obwohl sie doch als Einheit vor dir stehen.

Liebe hebt die Gegensätze auf

Gegensätze zuzulassen und schließlich gutzuheißen ist eine große Lebensaufgabe. Wir lernen dabei, für alles Unschöne keine Schuldigen mehr im Außen anzuklagen. Wir kommen in den Gleichmut anzuerkennen, dass die Dinge so sind, wie sie sind. Dass sich nach dem einen Pol nun der andere zeigt. Letztlich heißt das nichts anderes, als dass wir in die Akzeptanz und damit in die Liebe kommen – die große Kraft, die als einzige alle Polaritäten überwindet. Wir durchleben eine echte spirituelle Entwicklung.

12. ICH-DU-SINN

Noch einen Schritt weiter als der Gedankensinn geht der Ich-Du-Sinn. Er ermöglicht uns ein noch intimeres Verhältnis zur Außenwelt. Er macht es uns möglich, mit einem anderen Wesen tief mitzufühlen, mit ihm regelrecht zu verschmelzen, sich mit ihm als eins zu erfahren. Es ist, als würde man nicht jemand anderen, sondern ganz und gar sich selbst empfinden.

Wenn Ich und Du verschmelzen

Die vollständige Zuwendung zu einem anderen Menschen führt zur Wahrnehmung von dessen Ich. Wir haben alle die Veranlagung, in sehr feiner Weise das Ich eines anderen zu erspüren. Der ganze Mensch, so könnte man sagen, ist ein Ich-Sinn-Organ.

Der Ich-Du-Sinn vermittelt uns die Wesenserfahrung, das unmittelbare Erleben und Erkennen des anderen Menschen als »Ich«. Er beherbergt die Fähigkeit, einen anderen wie sich selbst zu empfinden, ihn sozusagen als ein anderes Ich wahrzunehmen. Aus seiner Gesamterscheinung und seiner bloßen Anwesenheit, aus seinen Worten, Taten und Bewegungen empfinden wir seinen Charakter, seine besondere persönliche Art, das Leben wahrzunehmen und die Welt wie sich selbst zu empfinden. Genau das macht die Kraft der Empathie aus, die auch die Grundlage für Liebe und Versöhnung ist.

Wie es Eckhart Tolle ausdrückt: Sich selbst im anderen zu erkennen, das ist Liebe.

Der Kreis schließt sich

Die Grundlage für das Wahrnehmen eines anderen Ich ist das eigene Selbstbewusstsein, das über all die zuerst besprochenen Sinne entsteht – die Körpersinne, die sich vor allem auf das Individuum selbst beziehen.

So spannt der höchste aller Sinne, die Nummer zwölf, der Ich-Du-Sinn, einen Bogen zurück zum Beginn der hier entfalteten Sinnesleiter. Die allerhöchste Wahrnehmungsstufe, das liebevolle und innige Verschmelzen von Ich und Du, baut damit auf all den anderen Sinnen auf.

Fühle ich mich oder fühle ich eigentlich dich?

Hochsensible Menschen neigen dazu, sehr genau zuzuhören, wenn ihnen etwas erzählt wird. Und, mehr noch, sie neigen auch dazu, sich in die Gefühle des Gegenübers hineinzufühlen. Das bewirkt eine grundsätzlich ehrliche und empathische Gesprächssituation. Dieses wunderbare Einfühlungsvermögen kann aber auch zu starker Irritation führen, und zwar dann, wenn dir plötzlich nicht mehr klar ist: Fühle ich jetzt mich oder den anderen? Ein häufig gehörtes Beispiel aus meiner Coachingpraxis: Es fällt manchen Hochsensiblen nicht leicht herauszufinden, ob sie selbst verliebt sind oder ob sie nur die Verliebtheit des Gegenübers spüren und darauf reagieren.

ÜBUNG

KOPFSACHE UND BAUCHGEFÜHL

Mein Tipp, der für Hochsensible in allen Alltagssituationen hilfreich ist: Hör auf deine Intuition, denn gerade die ist bei dir als hochsensibler und hochsensitiver Person gut entwickelt und sollte dich dabei unterstützen können, deine Gefühle zu sortieren. Intuition ist in ihrem Wissen und ihrer Weisheit den Gefühlen übergeordnet. Sie ist absolut klar und unbestechlich. Lern auf sie zu hören und ihr zu vertrauen. So kannst du vorgehen:

- Setz dich für einen Moment ruhig hin und atme erst einmal tief durch, um zur Ruhe und ganz bei dir selbst anzukommen.
- Spür in dich hinein und nimm wahr, was dich beschäftigt.
- Frag dich nun selbst, das heißt die Instanz in dir, die alles weiß und deinen Lebensweg am besten kennt: Was ist jetzt richtig? Was ist jetzt wirklich wichtig? Wohin führt mich der nächste Schritt? Was soll ich tun?

DER REICHTUM VON ZWÖLF SINNEN

Nun hast du zwölf Sinne genauer kennen- und unterscheiden gelernt und konntest dich auch praktisch mit ihnen befassen. Du wirst sicher schon bemerkt haben, dass allein die Beschäftigung mit deinen Sinnen einen intensiven Bewusstseinsschub verursacht hat.

Hochsensibilität ist kein Mysterium und du bist ihr nicht einfach ausgeliefert. Du kannst deine Sensibilität in vielen Lebensbereichen aktiv steuern und beeinflussen. So gewinnst du immer mehr Kraft, Energie und Lebensqualität und wirst die Feinheit deiner Sinne bald um nichts in der Welt mehr hergeben wollen. Du hast deine Gabe angenommen.

Zu viele emotionale Dus

Viele hochsensible Menschen meiden große Ansammlungen von Menschen. Denn wo viele Menschen sind, gibt es auch viele Emotionen. Wer für diese Energien anderer empfänglich ist, wird sie manchmal so empfinden, als wären es die eigenen.

Das kann natürlich unangenehm und anstrengend werden. Nach solch intensiven Begegnungen kann sich ein Gefühl von großer Müdigkeit oder Ausgelaugtheit einstellen. Mir selbst hat es sehr geholfen, dass ich mir erst einmal eingestanden habe, dass Menschenmengen nichts für mich sind. Am Anfang fiel es mir schwer, Einladungen zu großen Veranstaltungen abzulehnen. Aber mittlerweile kann ich das gut und bedaure es auch nicht mehr so sehr.

Interessanterweise ist es bei vielen hochsensiblen Menschen so, dass ihnen solche Situationen sehr viel leichter fallen, wenn sie erkannt haben, dass sie die Wahl haben. Seit ich mich bewusst entscheide, ist auch das Dabeisein nicht mehr so anstrengend. Es muss wohl vor allem damit zu tun haben, dass die Freiheit der Entscheidung auch viel Entspannung mit sich bringt.

ZELEBRIERE DEINE SENSIBILITÄT

Leben heißt Entwicklung und Lernen ist ein lebenslanger Prozess. Du hast es in der Hand, wie du dein Leben mit der Hochsensibilität gestaltest. Die besten Strategien, damit es gelingt, folgen hier.

NIMM DEINEN KÖRPER AN

Viele hochsensible Menschen hadern mit ihrem Körper und den intensiven Sinnesempfindungen, die er ihnen übermittelt. Jetzt, am Ende deines »Coachings«, hast du sicher gelernt, deinen Körpersignalen mit mehr Offenheit zu begegnen und ihnen vielleicht sogar dankbar zu sein. Möglicherweise ist es so, dass du dich richtig angefreundet hast mit deiner Hochsensibilität und bereits erkennst, welche Gaben darin verborgen sind oder welche Berufung für dich damit verbunden ist. Es ist ein Geschenk, das Leben so facettenreich wahrnehmen zu können und es mit so viel Tiefe zu erfassen.

LERNE MIT ALL DEINER FREUDE

Alles im Leben muss erlernt werden. Ein Mensch kommt sehr offen und »ungeformt« zur Welt und wird im Laufe der Zeit mit schwierigen, aber auch wunderschönen Situationen konfrontiert. Trauer, Glück, Hoffnung, Zuversicht – alles will gelernt sein. Rationales über Zahlen und Fakten lässt sich schnell verinnerlichen, schwieriger ist der Umgang mit den großen Gefühlen. Auch Verlieben, Trennen und Neuverlieben gehören zum Lebenlernen.

Ganz egal, in welcher Lebensphase du gerade bist und unabhängig davon, welches Geburtsjahr in deinem Ausweis steht: Nichts hilft so sehr bei der Entfaltung deiner Persönlichkeit wie deine Neugier. Wer etwas vom Leben wissen will, weiß, dass noch lange nicht alles erlernt ist. Wer aus freien Stücken lernt, lernt besser und mit viel mehr Freude. Bist du freudig gestimmt, steht der persönlichen Entfaltung nichts im Weg. Gefühle als Erfahrungen willkommen zu heißen und sie gern bei sich zu haben, und sei es auch mal Angst oder Sorge, das lässt einen ganz neuen Blick auf das Leben zu.

KEINE VERGLEICHE!

Hör auf, dich mit irgendjemandem zu vergleichen! Vergleich dich und deine Wahrnehmung weder mit normalsensiblen noch mit anderen hochsensiblen Menschen. Und wäge deine Lebensweise auch nicht gegen die anderer ab. Vergleiche nützen gar nichts! Im Gegenteil: Sie sind oft sogar wirklich destruktiv. Sich mit anderen Menschen zu vergleichen kann dir schon allein deshalb nichts bringen, weil kein anderer Mensch so ist wie du. Wie soll ein Vergleich da gerecht oder angemessen ausfallen?

Verbiete dir am besten alle Arten von Vergleich. Das wird am Anfang schwer sein. Versuch trotzdem, jedes Mal, wenn du dich dabei ertappst, sofort mit dem Vergleichen aufzuhören und dich stattdessen mit etwas anderem zu beschäftigen. Mit der Zeit nimmt die Häufigkeit der Vergleiche dann ab und du kannst dich viel besser auf dich und deine Stärken konzentrieren.

JEDER MENSCH IST EINZIGARTIG

Vergleiche jeglicher Art sind vor allem anderen eins: Energiefresser. Wenn du vergleichst, machst du dir (bewusst oder unbewusst) viel Mühe, andere Menschen zu erfassen und gegen das abzuwägen, was deine eigene Bestandsaufnahme ergibt. Hast du dann das Gefühl, dass die andere Person besser, schöner, schlauer, schlanker, beliebter, witziger, jünger oder was auch immer ist, fühlst du dich schlecht. Was aber hast du dabei über deine Qualitäten und Vorzüge gelernt?

Sei gnädiger mit dir selbst und lerne Schritt für Schritt, dich selbst so zu akzeptieren, wie du bist – all die Anregungen im Buch haben dich dabei sicher schon weitergeführt. Dann können dich sinnlose Vergleiche nicht mehr runterziehen oder verunsichern. Und noch besser: Du lässt das Vergleichen von vornherein einfach sein.

ANKOMMEN IM EIGENEN KÖRPER

Sandra, 32, hatte bereits in der Pubertät Essstörungen. Sie litt unter ihrem Übergewicht und darunter, »so nah am Wasser gebaut« zu haben. Für sie war es unglaublich schwer, andere leiden zu sehen, und Aggressionen und verbale Angriffe konnten dazu führen, dass sie in eine Art Schock fiel. Eigentlich sollte sie ein Junge werden, nach drei Schwestern. Sie trug die ersten 25 Jahre ihres Lebens eine Kurzhaarfrisur und Röcke kannte sie nur aus der Modezeitschrift. Sandra arbeitete als Sachbearbeiterin bei einer Versicherung, hatte eine schöne Wohnung und einen Freund, der sie sehr liebte. Aber sie stieß überall auf Unverständnis, weil weder Familie noch Freunde nachvollziehen konnten, dass sie so unglücklich ist. Ihr Leben »funktionierte« anscheinend gut. Aber sie fühlte es nicht so. Sie hatte einen wichtigen Teil ihres Wesens unterdrückt und stattdessen die Erwartungen ihrer Umgebung erfüllt. Ihre Weiblichkeit fühlte sie nicht, außer wenn übergroße Emotionen sie bewegten. Sie verband Weiblichkeit mit unangenehm intensiven Gefühlen und hatte darin bisher nichts Positives sehen können.

Als sie ihre Hochsensibilität entdeckte, wurde ihr klar, warum sie sich bereits als Kind »ein dickes Fell« angefuttert hatte. Essen tröstete sie, während es zugleich ihre Gefühle unterdrückte. Im Laufe der Zeit lernte Sandra, ihre Gefühle wahrzunehmen und Erwartungen zu hinterfragen. Sie begann für sich zu sorgen. Je besser das gelang, umso schneller purzelten die Pfunde und (wen wundert's) wuchsen die Haare. Sandra und ihr Freund besuchten einen Tanzkurs und lernten eine Massagetechnik. Beides half Sandra, ihren Körper anzunehmen und ihr Frausein zu genießen.

VERGISS DICH SELBST NICHT

Bestimmt kennst du das: Du hastest durch den Tag, eine Aufgabe kommt zur anderen und am Ende bleibt keine Zeit für die eigenen Bedürfnisse. Zeit für sich selbst ist allerdings kein unnötiger Luxus, es ist die Grundbedingung dafür, dass der Motor nicht irgendwann stehen bleibt. Ist es erst einmal so weit gekommen, kostet es viel mehr Zeit, wieder fit zu werden.

Mit einer guten Portion Selbstfürsorge bleibst du leistungsfähig und hast die Möglichkeit, dein Leben so zu gestalten, wie du es wünschst. Man solle seinen Nächsten lieben wie sich selbst, heißt es. Dieser Satz ist nur zu wahr und wird doch so oft falsch interpretiert. Es geht nicht allein darum, anderen Menschen Liebe angedeihen zu lassen, sondern auch sich selbst, und zwar in einem ebenso großen Maße.

DEINE BEDÜRFNISSE

Damit du gut für dich selbst sorgen kannst, musst du deine Bedürfnisse natürlich erst einmal kennen. Jeder Mensch hat den Wunsch nach Anerkennung, nach Liebe, nach gesellschaftlichem Kontakt, aber auch nach Rückzug, Ruhe und Erholung. Und jeder hat auch spirituelle Bedürfnisse.

ÜBUNG

WAS BRAUCHE ICH?

- Mach dir eine Liste deiner wesentlichen Bedürfnisse. Was braucht dein Körper täglich, was ab und zu? Was brauchst du für deine psychische Ausgeglichenheit täglich, was ab und zu?
- Mach dich daran, dir diese Bedürfnisse zu erfüllen. Sei dabei nicht zu streng. Niemand kann alles jeden Tag erreichen, aber das Konto sollte auf lange Sicht ausgeglichen sein.

Es ist sehr unterschiedlich, mit welchen Inhalten die einzelnen Bedürfnisse ausgefüllt werden. Beispielsweise kann der Wunsch nach Anerkennung im Beruf erfüllt werden, durch ein gestalterisches Hobby oder durch Erfolge im Sport. Anerkennung kann von außen kommen oder aus dir selbst heraus. Wichtig ist nur, dass es sie gibt. Spirituelles kannst du an einem religiösen Ort, im Kloster, in einer Meditationsgruppe oder bei Satsangs ebenso erleben wie im Wald oder auch bei der Beschäftigung mit einem guten Buch.

ÜBUNG

SCHÜTTEL DICH FREI

Hier eine einfache Übung, wenn sich der Körper verkrampft und dir einfach alles zu viel geworden ist. Nutze dann wenn irgend möglich die Gelegenheit, dich ausgiebig zu schütteln. Dabei löst du unangenehme Verkrampfungen, lässt alles Schwere von dir abfallen und bringst deinen Körper wieder ins Gleichgewicht.

- Beginn mit den Armen und schüttle die Hände und dann die ganzen Arme. Lass alles locker und leicht dabei werden. Schüttle sanft oder kräftig, wie es sich gut anfühlt.
- Kreis locker den Kopf in eine Richtung, anschließend in die andere. Beug den Oberkörper nach vorn und verstärk mit einem kräftigen Ausatmen das Gefühl des Loslassens.
- Stell dich jetzt wieder aufrecht hin und schüttle die Beine rechts und links abwechselnd aus. Du kannst auch stehend in den Hüften wippen und so den ganzen Körper mit einem Mal schütteln. Alles Belastende rieselt auf diese Weise zur Erde hinab.
- Übe so lange, bis du dich befreit, leicht und geerdet fühlst.

ÜBUNG

KLOPF DICH ZURÜCK ZU DIR

Manchmal ist man durch äußere Einflüsse sehr auf die Welt und die anderen fixiert und spürt seinen eigenen Körper kaum noch. Die Gedanken sind bei den Kollegen oder den Kindern, im Internet oder wie gebannt bei einer aufregenden Situation.

Höchste Zeit also, wieder in den Körper zurückzukehren. Das geht besonders leicht und wirkungsvoll, wenn du ihn liebevoll abklopfst. Das aktiviert die Durchblutung und energetisiert dich neu. Die Aufmerksamkeit wird auf den Körper gelenkt und so spürst du dich wieder mehr.

- Stell dich mit einem festen Stand hin, die Beine stabil auf dem Boden, die Füße nicht zu eng zusammen. Streck beide Arme nach vorn aus und beginn mit einer Hand, sanft auf den Handrücken der anderen Hand und dann den ganzen Arm entlangzuklopfen. Du kannst mit der Faust, dem Handrücken oder der flachen Hand klopfen. Geh mit kleinen Bewegungen bis zur Schulter und wieder hinab zur Hand. Dann Seite wechseln.
- Nun klopfst du mit beiden Händen den gesamten Oberkörper entlang: bei den Schlüsselbeinen, auf dem Brustkorb, sanft in der Herzgegend und über den Magen zum Darm und zum Unterbauch, danach seitlich an der Taille entlang wieder hinauf bis zu den Achseln. Klopf auch den Rücken, die Nierengegend und so weit hinauf, wie du kommst.
- Jetzt sind Becken, Gesäß, Oberschenkel, Kniekehle, Unterschenkel und Ferse dran. Klopf gleichmäßig und mit all deiner Aufmerksamkeit. Anschließend vorn wieder hinauf.
- Verweil nach dem Klopfen noch etwas im Stehen und spür deinen Körper und deinen Atem. Atme noch ein paar Mal tief durch.

DIE PFLICHT ZUR SELBSTFÜRSORGE

Ein alter buddhistischer Lehrsatz lautet: »Der Meister kümmert sich immer zuerst um sich selbst, denn nur dann kann er für seine Schüler da sein.« Da du der einzig vorhandene Meister in deinem Leben bist, gilt dieser Satz natürlich auch für dich. Ersetz das Wort »Meister« durch »Mutter« und »Schüler« durch »Kinder«. Oder sprich von »Chef« und »Mitarbeiter«.
Nur dann, wenn du auf die Kräfte deines Körpers achtest, wird er für deine Seele ein hilfreiches Gefährt sein und dich sicher durch die Unwägbarkeiten des Lebens führen. So gesehen ist es geradezu deine Verpflichtung, deinen Körper zu hegen und zu pflegen. Oder?

LASS DICH NICHT AUSLAUGEN!
Viele Menschen sind leider wahre Meister darin, andere über Gebühr zu belasten. Nicht immer kann man sich dem entziehen, denn gerade im Beruf kann man bestimmten Menschen oft nicht aus dem Weg gehen. In Extremfällen musst du überlegen, ob Aufwand und Nutzen für dich in einem sinnvollen Verhältnis stehen oder ob du dich auf lange Sicht neu orientieren solltest.
Grundsätzlich gilt: Überfordere dich nie selbst, weil du glaubst, du seist es deinen Mitmenschen schuldig. Du bist nicht verpflichtet, mehr zu geben, als du kannst und willst. Du musst deine Grenzen kennen und sie verteidigen, denn wenn du sie permanent überschreitest oder anderen das erlaubst, hilfst du niemandem. Weise Zeitgenossen, die deine Grenzen nicht respektieren, in die Schranken und geh auf Distanz, wenn sie unbelehrbar sind.
Behalt deine Kraft für jene übrig, die sie verdienen: deine Lieben und du selbst. Dein Körper wird es dir danken, wenn du ab und zu mal Nein sagst. Es kann niemandem damit gedient sein, wenn du immer wieder über deine Kräfte hinausgehst – weder dir noch anderen.

LIEBE DICH GLÜCKLICH

Für viele Hochsensible ist es besonders in Beziehungen schwierig, gut auf sich aufzupassen, weil sie dazu neigen, sich (zu) sehr auf den anderen einzulassen. Das erhöhte Einfühlungsvermögen kann zu einem überwältigenden Verliebtheitsgefühl führen. Dann flattern die Schmetterlinge wie wild in ihrem empfindsamen Bauch.

Anfangs haben sie natürlich keine Ahnung, wie der neue Lieblingsmensch auf die Hochsensibilität reagieren wird und ob man es schaffen wird, gemeinsam gut damit umzugehen. Und dann ist da noch das Thema Selbstannahme mit allem, was dazugehört. Denn wer sich selbst ablehnt, kann weder lustvoll mit seinem Körper umgehen und ihn genießen, noch den Partner nahe an sich heranlassen. Auch deshalb ist es für hochsensible Menschen so wichtig zu lernen, sich selbst und den Körper schätzen und lieben zu lernen.

FLAUTE DER SINNLICHKEIT?

Was aber tun, wenn es nicht gerade rosarot ist mit dem Sex? Das Wichtigste ist eine offene Kommunikation. Sprich über den Sex und die Erwartungen, Wünsche und Empfindungen, die du

EIN SÜSSES ABENTEUER

Auf dem Weg zu einer erfüllten, sensibel gelebten Sexualität mit Herz und Seele kannst du aufregende neue Erlebniswelten für deine Sinnlichkeit entdecken. Was bedeutet Sexualität denn? Es ist eine Form der Kommunikation, eine der vielen Sprachen des Körpers und ein wirklich toller Weg, den Reichtum deiner Empfindsamkeit zu genießen. Die Sinne sprechen eine ganz eigene, sehr lustvolle Sprache, die du tief entdecken und erlernen kannst. Ein wundervolles Spielfeld für deine Sensibilität. Nutze und genieße es!

ÜBUNG

STREICHELEINHEITEN

Eine wohltuende Fürsorge für den Körper ist das Streicheln. Jeder genießt es, gestreichelt zu werden. Dabei schüttet der Körper Wohlfühlhormone aus, eine tiefe Entspannung breitet sich aus und die Gedanken werden auf den Moment fokussiert. Und wie bei so vielem brauchst du niemand anderen dazu. Es beginnt bei dir:

- Nimm dir etwas Zeit und gestalte dir einen angenehmen Raum. Vielleicht willst du auch in die warme, duftende Badewanne gehen.
- Nun nimm dich selbst liebevoll in die Arme. Genieß es, bei dir und ganz für dich da zu sein.
- Lass die Hände zu jeder Stelle deines Körpers fließen. Streichle dich sanft, weich und liebevoll. Tröste dich, wenn du Trauer spürst.
- Lern deinen Körper während dieser »Entdeckungsreise« ganz neu kennen. Spür der Bewegung deiner Hand nach und lass los. Alles darf geschehen, du bist für dich da. Lass dich von dieser Zeit mir dir selbst erfüllen.

damit verbindest. Dieses Reden ist wie in allen anderen Partnerschaften der Schlüssel zum harmonischen Gelingen. »Wenn der andere mich liebt, dann weiß er, was ich brauche.« Dieser Mythos geistert noch in vielen Köpfen herum. Bedürfnisse sind jedoch von Mensch zu Mensch unterschiedlich. Gerade beim Thema Sex müssen hochsensible Menschen lernen, ihre Wünsche bezüglich der körperlichen Liebe zu kommunizieren. Beide Partner sollten offen aussprechen, was ihnen gefällt und was nicht. Einander zuzuhören und die Gefühle authentisch auszudrücken ist beim Thema Sex ebenso wichtig wie in jedem anderen Bereich des Miteinanders in einer Partnerschaft.

GEWÄHRE LIEBESSPIELRAUM

Partnerschaften, in denen jeder Spielraum hat, sind meist von großer gegenseitiger Achtung und Zuneigung geprägt. Man gewährt sich Raum und damit auch den Raum, in dem das Spiel der Liebe stattfindet. Als Spiel dient es der Freude, niemals solchen Dingen wie Sieg, Triumph oder Wettbewerb. Als Spiel hat es mit Kindlichkeit und Leichtigkeit zu tun. Geh also die Dinge auch in der Liebe spielerisch leicht an und beobachte, was dabei geschieht. Wenn dir die Liebe zum Spiel wird, wenn du begreifst, dass Liebe immer nur ein Spiel und niemals ein Kampf ist, dann gewährst du deinem Partner und dir selbst automatisch einen unendlichen Spielraum. Wo willst du lieben, wenn nicht in einem solchen Raum? Er ist das Haus deiner Liebe, in dem der Tanz eurer Seelen geschehen kann. Je weiter dieser Spielraum ist, desto größer kann sich die Liebe entfalten. Ihr werdet dann Zeugen eines der großen Wunder des Menschseins.

ÜBUNG

MEIN ABEND, DEIN ABEND

Widme dich ganz gezielt dem Schenken von Liebe, Zuneigung und Nähe. Hier eine einfache Übung für zwei:

- Es geht an einem Abend nur um dich und am nächsten Abend um deinen Partner oder deine Partnerin. Ihr schenkt euch gegenseitig genau das, was gewünscht ist: ein liebevoll bereitetes Essen, ein sinnliches Bad, eine Massage oder zehn stille Minuten, in denen der andere das sagen kann, was er schon lange mal sagen wollte. Es geht um das Verwöhnen aller Sinne, des Körpers und der Seele. Regelmäßige wechselseitige Geschenke zur Pflege der Liebe.

LERN DAS LOSLASSEN

Vor allem Menschen, die besonders sensibel sind, haben oft ein Problem damit, die Kontrolle abzugeben, alles loszulassen und einfach zu vertrauen. Es gibt Menschen, die mit einem hohen Grad an Unsicherheit gut zurechtkommen, und es gibt andere, die schon bei der kleinsten Unwägbarkeit ängstlich reagieren und sich unwohl fühlen. Hochsensible gehören meist zu Letzteren. Ihr starker Wunsch nach Kontrolle entsteht durch einen Mangel an Vertrauen: an Urvertrauen, an Selbstvertrauen, an Vertrauen in die Mitmenschen. Ständige Kontrolle und der Versuch, alles genau zu berechnen, bewirken, dass du dich permanent unter Druck setzt. Dieser Stress führt zu Verspannungen im Körper, im Geist und in der Seele. Außerdem fühlen vor allem deine ebenfalls sensiblen Mitmenschen den inneren Zwang, den du ausstrahlst, und könnten unbewusst versucht sein, etwas mehr Abstand zu halten.

FRISCHLUFT FÜR DIE SEELE

Geh doch in einer ruhigen Minute mal in dich und fühl nach, wie es sein könnte loszulassen. Du selbst wirst am besten spüren, was nicht mehr zu dir passt und gehört. Das Loslassen von alten Verhaltensstrukturen kann all deine Herzenswünsche befreien und ihnen neue Luft zum Atmen geben. Ist das nicht lohnend? Auf diesem Weg lernst du, dem Leben zu vertrauen. Du schließt mit vergangenen Erfahrungen ab und nimmst einfach all das als gegeben an, was du bisher an dir selbst und deinen Mitmenschen abgelehnt hast. Warum nicht? Da ist es eh, dann kannst du es auch akzeptieren. Es ist wirklich so einfach. Vertrau dir selbst und deinen Fähigkeiten.

Vertrauen als Grundlage

Die Fähigkeit loszulassen hat sehr viel damit zu tun, ob Vertrauen entwickelt werden kann. Es entsteht, wenn du die Kraft deines eigenen Geistes und deine Feinfühligkeit in immer mehr Lebensfeldern zielgerichtet einsetzt. Zu vertrauen ist nicht naiv, und wer vertraut, leugnet auch nicht, dass es immer wieder Leid und negative Gefühle gibt. Vertrauen ist eine in dir wohnende Gewissheit, dass sich alles zum Guten wenden wird.

Um deinen eigenen Bezug zum Thema Vertrauen zu erforschen, widme dich einmal intensiv den Ereignissen, in denen du Vertrauen verloren hast. Versuch herauszufinden, wie stark der Verlust war und ob es nicht vielleicht sogar eine Alternative dazu gegeben hätte.

Wir sprechen oft von blindem Vertrauen. Es bedeutet, dass es keine Bestätigung und erst recht keinen Handel gibt. Ein anderer müsste nichts tun, damit er sich dein Vertrauen erwirbt. Bist du in der Lage, dieses blinde Vertrauen zu gewähren? Und wie steht es mit deinem Selbstvertrauen? Es ist die Grundlage für entspanntes Loslassen.

ÜBUNG

EIN WAGNIS EINGEHEN

Loslassen und Vertrauen kannst du üben, indem du ein wirkliches Wagnis eingehst. »Huch, das ist aber sehr schwer«, werden viele jetzt denken. Ja, das kann sein, wenn du gleich mit einer richtig heftigen Herausforderung beginnst. Üben ist aber dann am effektivsten, wenn du zunächst kleine Hürden nimmst, bevor du dich schwierigeren Themen widmest.

Was wäre ein Wagnis, das du eingehen könntest, um Kontrolle abzugeben? Lass doch mal deinen Partner ganz allein den nächsten Urlaub planen. Lass dich mit verbundenen Augen füttern. Besuch allein unbekannte Orte. Wag etwas, was du schon immer mal tun wolltest. Du wirst es sehr schnell spüren, wenn du deine Komfortzone verlässt und die Lernzone betrittst. Also los: Trau dich etwas!

LEBE DEINE BERUFUNG

Als hochsensibler Mensch bist du wahrscheinlich multitalentiert, hast ein breit gefächertes Interessensspektrum, zahlreiche Kompetenzen und einen bewegten Lebenslauf. Damit passt du vielleicht nicht ins Schema von Personalabteilungen, die leider oftmals nicht in der Lage sind, anhand von Bewerbungsunterlagen die besonderen Fähigkeiten von »außergewöhnlich normalen« Menschen zu erkennen. Doch mach dir nichts draus! Du weißt mittlerweile, dass Hochsensibilität kein Nachteil ist, sondern dich zu besonderen Leistungen, hoher Kreativität und ungewöhnlichen Lösungswegen befähigt. Und dies alles kannst du dort einbringen, wo du gerade bist.

Jeder Mensch wünscht sich eine Arbeit, die ihn zufriedenstellt. Hochsensible allerdings brauchen diese Arbeitszufriedenheit dringend, da sie keinen Frondienst leisten können, ohne über kurz oder lang zu erkranken. Sie machen ihre Arbeit gern, wenn sie zu ihnen passt. Dann sind sie meist auch sehr erfolgreich. Oft bezeichnen sie ihre Tätigkeit gar nicht als Arbeit, sondern leben für ihre Aufgaben, die sie mit größtem Engagement erfüllen.

DER WEG ZU DIR SELBST – UND ZUM ERFOLG

Durch deine Arbeit mit dir selbst, festgehalten in deinem Coaching-Tagebuch, hast du sicher viel über dich erfahren. Du kennst nun deine Stärken und Talente und weißt auch, wovor du dich schützen musst und wie dir das gelingt. Deine Werte sind dir vertraut und damit bist du sicher auch deiner Berufung näher gekommen. Du lebst sie vielleicht sogar schon – jeden Tag ein bisschen mehr. So bist du für den vollen Lebenserfolg gut gerüstet.

DIE WELT BRAUCHT LEIDENSCHAFT

Menschen, die ihre Stärken und Fähigkeiten am richtigen Platz einsetzen, lieben ihre Arbeit, weil sie dabei sie selbst sein können. Viele Hochsensible und Hochsensitive erleben das so. Es ist deshalb sehr wichtig, dass du deine Fähigkeiten, Stärken und Talente genau kennst und sie treffend beschreiben kannst. Durch deine zunehmende Lebenserfahrung häuft sich eine Menge wertvolles und nützliches Wissen an. Du weißt immer besser, was du gern machst und wo deine Stärken am besten zur Entfaltung kommen.

Unsere Gesellschaft braucht viel mehr Menschen, die mit Herz und Verstand außergewöhnliche Leistungen vollbringen – in allen Bereichen des Lebens. Überleg dir, was du wirklich in deinem Leben erreichen möchtest, denn nach etwas zu streben, was nicht deinem Inneren entspricht, zerstört dich mit der Zeit. Das richtige Tun aber gibt dir beinahe unendliche Kraft, die dich immer weiter hin zu deinen höchsten, kühnsten Zielen tragen wird. Trau dich, das zu leben, was in dir steckt!

ÜBUNG

ZIELE KLAR VERFOLGEN

- Schreib dir eine Liste, die all deine Ziele und Wünsche enthält. Schreib alles darauf, was du in diesem Monat für dich selbst erreichen möchtest, in diesem Jahr und in den kommenden zehn Jahren. Was ist dir wichtig? Was willst du tun? Was erreichen?
- Nimm dir dann einen ersten Punkt vor und schau, was du jetzt oder in den nächsten Tagen dafür tun kannst. Schreib auch das auf und setz einen Termin, zu dem du die ersten Schritte umsetzen wirst.
- Setz dir außerdem einen Termin, zu dem du dich wieder mit deiner Liste hinsetzen und überprüfen willst, was du bereits für deine Ziele getan hast und wie du weiter vorgehen willst. Nimm diese Termine wirklich ernst. Nimm sie so ernst wie dich selbst und deine innersten Wünsche.

ALLES LIEBE FÜR DEINEN WEG!

Wenn du es bis hierher geschafft hast, bist du ein großartig konsequenter Mensch. Wenn du nicht nur gelesen, sondern auch ein wenig geübt hast, verdienst du meine Hochachtung.

Ich habe dir hier ein großes Buffet an Übungen und viel Hirnfutter angeboten. Jetzt liegt es an dir, was du daraus machst. Ich weiß es felsenfest, aus persönlicher Erfahrung und aus der Arbeit mit Hunderten von feinfühligen, empathischen Menschen, dass Hochsensibilität keine Bürde oder gar Fluch zu sein braucht. Nein, Hochsensibilität ist eine wahre Kraftquelle, wenn man gelernt hat, mit ihr umzugehen.

Es muss einen Grund geben, warum es Menschen gibt, die diese Fähigkeiten haben, denn sonst wären sie anders geworden. So meine eigene ganz simple Lebensphilosophie.

Wo deine Gaben sind, sind auch deine Aufgaben.

Im ganzen Universum gibt es nichts Nutzloses, alles hat einen Sinn. Wir verstehen diesen Sinn nicht immer, aber wenn du diese Grundannahme mit mir teilen kannst, dann muss es logischerweise auch einen guten Grund geben, warum du hochsensibel und hochsensitiv geworden bist. Schau einmal, was dir deine feinen Sinne über deine Bestimmung und deinen Lebenssinn sagen können. Welche (Lebens-)Aufgaben könnten damit verbunden sein?

Ich wünsche dir weiterhin viel Freude an der Entdeckungsreise in die unendlichen Weiten deiner Wahrnehmung. Hör nicht auf, deine Sinne zu schärfen. Die Sinnesschulung ist ein kontinuierlicher Prozess, der nie zu Ende geht. Du kannst die Übungen dieses Buches immer wieder nutzen, so oft es dir guttut. Entwickle und nutze deine Gaben, um deine Kraftquelle beständig lebhaft sprudeln zu lassen. Sei unbeirrbar und mutig. Bleib dir treu und lass deine persönliche Freiheit nicht einschränken, denn du bist die Meisterin, der Meister deines Lebens, niemand anders sonst.

BÜCHER UND ADRESSEN

BÜCHER AUS DEM GRÄFE UND UNZER VERLAG

Jessica Stellwag: *Hoch lebe deine Sensibilität! Wie du das wundervolle Wesen lebst, das du bist.*
Marie Mannschatz: *Meditation.*
Delia Grasberger: *Autogenes Training.*
Tim Schlenzig: *Sei dein eigenes Zuhause.*
Judith Wilms: *Judith Wilms: Marie und die drei Geheimnisse.*

BÜCHER AUS DEM UNUM-VERLAG

Miriam Sompek: *Feine Sinne, starke Seele. Eine Erzählung über die vier verborgenen Kräfte der Hochsensibilität.*

BÜCHER AUS ANDEREN VERLAGEN

Elaine N. Aron: *Sind Sie hochsensibel?* mvg
Elaine N. Aron: *Hochsensibilität in der Liebe.* mvg
Andrea Brackmann: *Jenseits der Norm.* Klett-Cotta
Anne Heintze: *Außergewöhnlich normal.* Ariston
Anne Heintze: *Auf vielen Arten anders.* Ariston
Anne Heintze: *Hochsensibel im Beruf.* mvg
Anne Heintze: *Seelenpartner – Liebe ohne Limit* Heyne
Rolf Sellin: *Bis hierher und nicht weiter.* Kösel
Anne van Stappen: *Übungsheft Grenzen setzen, Nein sagen.* Trinity

HILFREICHE ADRESSEN

www.hochix.com
Coaching und Beratung für Hochsensible, Hochsensitive und Hochbegabte in privaten und beruflichen Fragen
www.hsperson.com
Website von Elaine Aron, der Pionierin zum Thema Hochsensibilität
www.hochsensibel.org
Deutscher Informations- und Forschungsverbund Hochsensibilität
www.coaching-fuer-hochsensible.de/vseb/
Verband pro Sensitivität und Empathie im Beruf
www.ifhs.ch
Institut für Hochsensibilität, gegründet und geleitet von Brigitte Küster

REGISTER DER ÜBUNGEN

REFLEXION

BESINNUNG

POSITIVE VERÄNDERUNG

KÖRPERLICHKEIT

WAHRNEHMUNG

IMPRESSUM

G|U

GU ist eine eingetragene Marke der GRÄFE UND UNZER VERLAG GmbH, www.gu.de

Projektleitung: Birgit Reiter
Lektorat: Dr. Diane Zilliges
Bildredaktion: Henrike Schechter
Layout & Umschlaggestaltung: independent Medien-Design GmbH, Horst Moser, München

Bildnachweis
Cover: Olaf Hajek
Weitere Bilder: Silja Götz, Privat (Autorenfoto)
Syndication: www.imageprofessionals.com
Satz: Reemers Publishing Services GmbH, Krefeld
Herstellung: Susanne Fuhrmann
Repro: Longo AG, Bozen
Druck & Bindung: Drukarnia Dimograf, Polen
ISBN: 978-3-8338-4132-3
11. Auflage 2025

QUALITÄTS G|U GARANTIE

LIEBE LESERINNEN UND LESER,

wir wollen Ihnen mit diesem Buch Informationen und Anregungen geben, um Ihnen das Leben zu erleichtern oder Sie zu inspirieren, Neues auszuprobieren. Wir achten bei der Erstellung unserer Bücher auf Aktualität und stellen höchste Ansprüche an Inhalt und Gestaltung. Alle Anleitungen und Rezepte werden von unseren Autoren, jeweils Experten auf ihren Gebieten, gewissenhaft erstellt und von unseren Redakteur*innen mit größter Sorgfalt ausgewählt und geprüft.

Haben wir Ihre Erwartungen erfüllt? Sind Sie mit diesem Buch und seinen Inhalten zufrieden? Wir freuen uns auf Ihre Rückmeldung. Und wir freuen uns, wenn Sie diesen Titel weiterempfehlen, in Ihrem Freundeskreis oder bei Ihrem Online-Kauf.

Sollten wir Ihre Erwartungen so gar nicht erfüllt haben, tauschen wir Ihnen Ihr Buch jederzeit gegen ein gleichwertiges zum gleichen oder ähnlichen Thema um.

KONTAKT ZUM LESERSERVICE

GRÄFE UND UNZER VERLAG
Grillparzerstraße 8
81675 München
www.gu.de

Umwelthinweis
Dieses Buch wurde auf PEFC-zertifiziertem Papier aus nachhaltiger Waldwirtschaft gedruckt.